9割が知らない！
売れる「動画」

YouTubeプロデューサー
元「楽天市場」プロデューサー
大原昌人

青春出版社

はじめに

皆さんの日常の中に、ＹｏｕＴｕｂｅやＴｉｋＴｏｋなどをはじめとするＳＮＳ動画媒体がすっかり溶け込んできました。

今や、日本人の77％は日常的にＹｏｕＴｕｂｅを視聴する時代となっています。

「テクノロジーは10年遅れてメジャーになる」というのが常であり、インターネットしかり、スマホしかり、10年後にメジャーな存在として受け入れられています。

今日において、まさにメジャートレンドとなっている、ＳＮＳを中心とした「動画」。これは、ビジネスやトレンド、全ての中心にあり最も重要な存在といえるでしょう。ＹｏｕＴｕｂｅｒの書籍がアマゾン総合ランキング1位を軽々とかっさらい、ＴｉｋＴｏｋで紹介された商品が全国のお店から一瞬で売り切れる、そしてＩｎｓｔａｇｒａｍのリールで「動画映え」するカフェに全国から人が押し寄せる、今はそんな時代なのです。

ブログやホームページでの集客も重要ですが、その何十倍、何百倍と効果の高い「動画」を活用しない手はありません。

ＳＮＳでの動画、ＴｉｋＴｏｋやＩｎｓｔａｇｒａｍのリール、ＹｏｕＴｕｂｅショートなどをはじめとする短尺ショート動画は、現在世界的なトレンドであり、多くの人々がコンテンツの制作や視聴を楽しんでいます。

しかし、動画で成功するにはちょっとしたコツが必要です。

本書では、私自身が動画活用で成功するために使っているスキルや知識、そして３９１万フォロワー、２００チャンネル以上をコンサル・プロデュースしてきた実践的なヒントを紹介します。ここにはコンテンツ制作からマーケティング、広告収益の最大化方法まで、動画で成功するために必要なすべての情報が網羅されています。

今回の書籍を執筆するにあたり、私は日本中のトップＹｏｕＴｕｂｅｒやＴｉｋＴｏｋｅｒたちと密接に協力して、この書籍の情報を精査し、改善してきました。それにより、旬なトレンドや成功のためのプロセスを、最良の方法で伝えることができたと思います。

この書籍が、すべてのビジネスマン、中小企業から大企業、コンテンツクリエイターたちに、動画でビジネスの成功を収めるためのプラクティカルなガイドとなることを願っています。自分自身のチャンネルとビジネスを成長させるための道しるべとして、是非活用してください。

目次

9割が知らない！
売れる「動画」

第2章
あなたの商品を24時間365日宣伝！ウケる動画制作のコツ

第3章 SNSやウェブメディアとの合わせワザ つくった動画を広く届ける技術

第4章

一度作れば半永久機関!? 「売れる生態系」をつくる方法

企画協力／松尾昭仁（ネクストサービス株式会社）
本文イラスト／髙栁浩太郎
本文デザイン／浦郷和美
ＤＴＰ／森の印刷屋

第1章

子どもから高齢者まで動画は情報収集のファーストチョイス

「Ｇｏｏｇｌｅ検索」では必要なものを見つけられない時代

みなさんは、現在どういった媒体で商品やサービスが売れているとお考えでしょうか？　テレビ、新聞、ラジオなどの媒体でしょうか。それとも時代的にもＧｏｏｇｌｅなどの検索エンジンでしょうか。

実は、**今最もビジネスが盛り上がり、商品やサービスが売れているのは他でもない「動画」媒体**です。主に、ＹｏｕＴｕｂｅやＴｉｋＴｏｋ、インスタグラムのリールやストーリーズといった動画をきっかけとして購買をする人が圧倒的に増えています。

ゼネラルリサーチが行なった〝「動画」に関する意識調査〟では、10代～50代までの男女の74・6%が、商品を購入する前に動画を視聴しているというデータを出しています。そして、59・9%が「ＹｏｕＴｕｂｅｒや一般の人が商品に関して紹介している動画」を視聴しているそうです。

商品の購入検討は「動画」に頼る時代

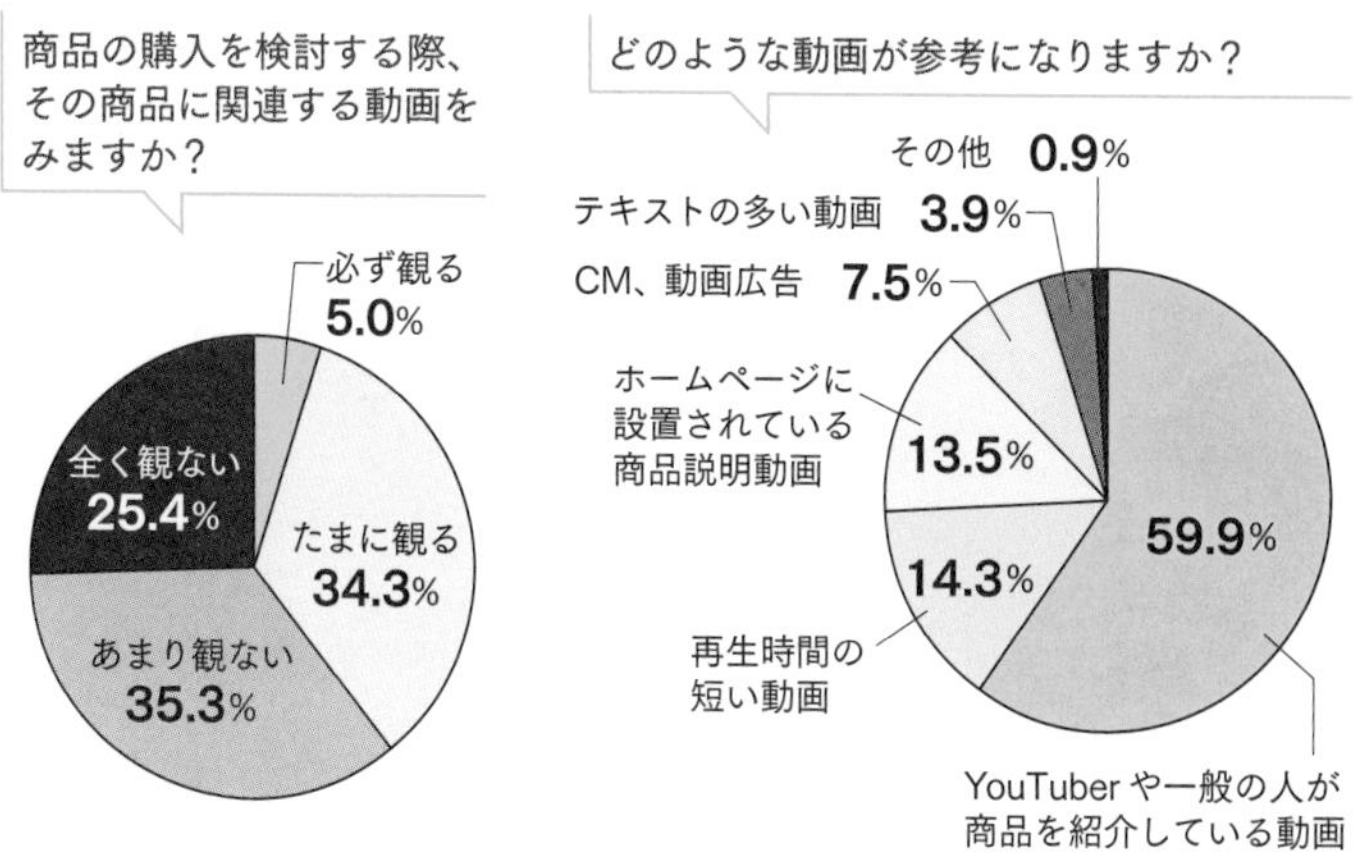

出所：「動画」に関する意識調査　2022年　Spread Over

つまり、現代は**「動画を見て購入を決定する時代」**、それも**「一般人やインフルエンサーが紹介している動画」を視聴して購入を決定する時代**なのです。

たとえば、ひと昔前までは「ググる」という言葉が流行っていたように、商品やサービスの購入前はインターネットの検索エンジンで該当のモノを検索して調べることが普通でした。

しかし現代では、**Google検索はむしろ過去のもの**になりつつあり、**YouTubeやインスタグラム、TikTokなどがその検索エンジンの代わりを担っている**のです。

たとえば、休日にどこかお洒落なカフェに行きたいと思った際は、今までならＧｏｏｇｌｅで「渋谷　カフェ」などと検索していました。しかし今はそのワードをＹｏｕＴｕｂｅの検索窓や、Ｉｎｓｔａｇｒａｍ、ＴｉｋＴｏｋなどで検索し、一般人やインフルエンサーによるリアルな動画の情報を見て、実際にお店に行くという行動を取っている人が急速に増えているのです。

　Ｇｏｏｇｌｅ検索では、テキストや画像だけの情報しかなく、より等身大の知りたい情報は、やはりこうした動画の中で見つかるのです。

テレビＣＭ、新聞広告、折り込みチラシはすでに過去のもの

広告といえば、テレビのＣＭや新聞広告、折込みチラシなどが一般的でした。たとえば新聞折り込みのユニクロのチラシを見て「休日は買い物に出かけよう」といった行動を起こす消費者が多かったのも事実です。

しかし、昨今では違います。もはやそれらの**オールドメディアによる広告は「嘘臭いもの」「企業が押し付けるもの」といった印象すら消費者に与えてしまう**ようになりました。

また最近ではテレビＣＭが頻繁に炎上し、ジェンダーやモラル、ありとあらゆるコンプライアンスがチェックされ、お手本のようなプレスリリースとしてのＣＭしか残らなくなりつつあります。このような状況のため、消費者がＣＭに共感し、購買に移るということも少なくなってきています。

日経トレンドのデータによると、約6割の広告主は「5年後にテレビＣＭの出稿量を

「現在と比べ5年後のテレビ媒体への出稿比率はどのように変化していると考えるか」広告主の意識調査

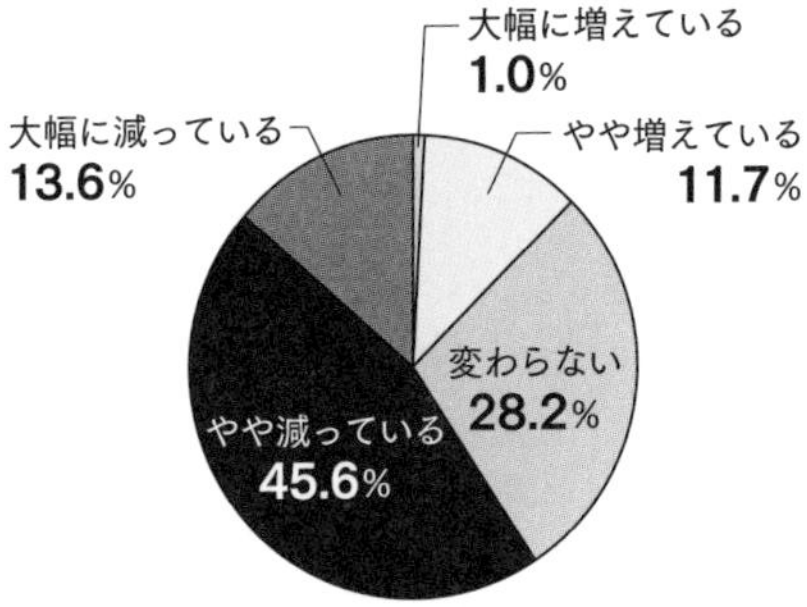

出所：テレビCMに関するアンケート　2018年　デルフィス

減らしていると予測する」と回答。あまりテレビＣＭの効果が実感できなくなっていることを示唆しています。

そんな時代にあって、ＹｏｕＴｕｂｅやＴｉｋＴｏｋ、Ｉｎｓｔａｇｒａｍにおける動画の影響は凄まじいものがあります。「ＴｉｋＴｏｋ売れ」という言葉が流行るほど、新手の動画メディアの浸透が急速に進んでいるのです。

時代背景としては、スマホの普及によりカメラを使って手軽に動画を撮影する人の増加、５Ｇの到来など、動画のアップロードと閲覧が自由に行える環境が整いつつあることがあげられます。

また、ライブコマースです。オンライ

ン販売とライブ配信を組み合わせた販売形態であるライブコマースは非常に勢いがあり、TikTok、Instagram、メルカリ、SHOWROOMなど様々なプラットフォームが参入しています。

ライブコマースが大ブームなのは、実はアメリカではなく中国です。中国では、屋台のおばちゃんがライブコマースをするほど、浸透しており、1ライブで49億円を売り上げるインフルエンサーも登場しているレベルです。

日本でも様々な企業が続々と参入しています。それは、コロナ禍のため自由に買い物ができなかったという社会的な背景もあるでしょう。ネットで買い物をする垣根はなくなり、ライブコマースの浸透も急速に進んでいます。

ＹｏｕＴｕｂｅは「世界２位」の検索エンジン

Ｇｏｏｇｌｅは世界最大手の検索エンジンであり、Ｇｏｏｇｌｅ．ｃｏｍは世界でもっともアクセスされているＷｅｂサイトです。ネットユーザーの９割以上がＧｏｏｇｌｅの検索エンジンを利用し、そのＧｏｏｇｌｅが所有する動画プラットフォームがＹｏｕＴｕｂｅになります。

ですからＹｏｕＴｕｂｅに企業として参入し、コンテンツを蓄積していくことは、必ず会社の財産となるでしょう。

参考までに、世界のＷｅｂプラットフォームの月間アクセス数を並べてみると、次のようになります。

１位　Ｇｏｏｇｌｅ．ｃｏｍ（月間アクセス数６０４・９億）
２位　ＹｏｕＴｕｂｅ．ｃｏｍ（月間アクセス数２４３・１億）
３位　Ｆａｃｅｂｏｏｋ．ｃｏｍ（月間アクセス数１９９・８億）

4位　Baidu.com（月間アクセス数97・7億）
5位　Wikipedia.org（月間アクセス数46・9億）

引用：https://finders.me/articles.pHP?id=1230

しかも私の見通しでは、近い将来**「1企業・1YouTubeチャンネル時代」が必ずやってきます**。

今の時代、まっとうな企業はほとんどホームページをもっています。逆にホームページがないと「この企業、大丈夫かな？」「本当に営業しているのかな？」と不信感をもたれてしまいます。

ホームページがない会社は、営業活動だけではなくブランディングや求人など、さまざまな面で不利な立場に置かれるようになっています。

それと同じことが、動画チャンネルでも起きる可能性はきわめて高いと考えられます。おそらく**10年以内には、ほとんどの企業が少なくとも1つのYouTubeチャンネルを所有している**でしょう。

また、YouTubeの利用時間は年々増加しています。

Googleの発表では、新型コロナウイルスによる巣ごもりの影響もあり、YouTubeの利用が増えたユーザーは74%にも上ります。動画広告市場も年々増加を見せており、動画プラットフォーム、そしてそのトップに君臨するYouTubeはまだまだたくさんのチャンスにあふれています。

数字で見るYouTube一強時代

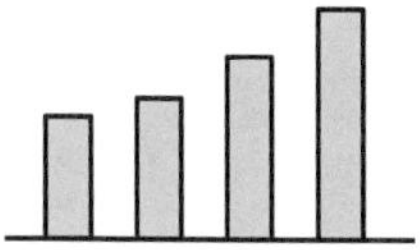

6.500万人以上

日本で18～64歳の
月刊YouTubeユーザー数

出典：Google、日本、18～64歳、2020年9月

80%増加

YouTubeにアップロードされた
動画の総時間

出典：Google、日本、2019年6月と2020年
同月で比較

240以上

登録者が100万人以上のチャンネル

出典：Google、日本、2020年6月

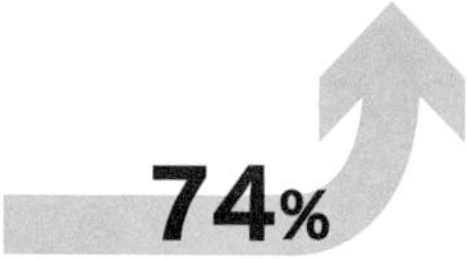

74%

新型コロナウイルス流行以降、
YouTubeの利用が増えたと回答
他のオンラインプラットフォーム平均の
3倍以上

出典：Google/Talk Shoppe、日本、why Video
post COVID-19 study、=2002,18~64
歳、動画利用者、2020年6月

1位

YouTubeは「なくなったらもっとも寂しいプラットフォーム」
他のオンラインプラットフォームとの比較

出典：Google/Talk Shoppe、日本、why Video post COVID-19 study、n=2002,18~64歳、
動画利用者、2020年6月

動画の情報量は写真や文字に比べて圧倒的に多い

あなたが街を歩いていて、広告やチラシなど様々なコンテンツを目にすると思います。その中で一番目を引いてしまうコンテンツの形態は何でしょうか。

おそらくそれは「動画」ではないかと思います。動いているものは、やはり人の注意を引きつけます。

しかも、**動画の情報量は１分でＬＰ（ランディングページ：商品、サービス紹介に特化したページのこと）１００ページ分の情報量**があるといわれています。従来のバナー広告やリスティング広告では、運よくクリックしてもらえたとしても、ＬＰを１ページ読んでもらうのが精いっぱいでした。しかし、動画にすれば、１分で１００ＬＰ分の情報を伝えられるのです。

Ｗｅｂ上にはさまざまなコンテンツがあります。しかし２０２３年現在、ＹｏｕＴｕｂｅなどの**「動画コンテンツ」は、文章や写真を中心とした「テキストコンテンツ」の**

１００分の１以下しか存在しません。つまり、ブログやホームページの旧来のコンテンツを１００として、動画はまだまだ1の分量しかないということです。

試しに「ダイエット　方法」でググってみると、ウェブ上では1億件以上もヒットするのに対して、動画は１００万件程度と、１／１６０にとどまっています。これはどのキーワードでも共通する傾向で、動画とテキストでは、おおよそ１００倍くらいコンテンツ量の差があります。

言い換えるなら、**人々のニーズに対して動画コンテンツは１／１００程度しか存在せず、ニーズに比べて圧倒的に供給不足な状態**なのです。

今ＹｏｕＴｕｂｅを始めるのは、20年前にネットビジネスを始めるようなものだと思ってください。20年前といえば、一般家庭のネット普及率が爆発的に伸びている反面、ネットを主戦場とする業者はまだ少なく、ＥＣサイトも発展途上——アマゾンジャパンはまだ本やＣＤだけを売るサイトでしたし、ＺＯＺＯＴＯＷＮなどは存在もしていませんでした。

私が楽天という会社に新卒で入社した20年以上前の創業当時、インターネットというとバカにされていた時代でした。しかし、今やグローバルに展開し兆円単位のビジネスをする巨大企業に育っています。

広告市場を見てみるとそれがより顕著にわかります。

動画広告の市場は右肩上がり。２０２４年には５０００億円を超える市場規模になると予測されています。一方で、これまで広告の代表格であった、テレビ、新聞、雑誌、ラジオの市場成長率はマイナス。しかも年々、マイナス幅が大きくなっていますから、この先も動画広告が拡大していくのは間違いないでしょう。

そんなネット動画ビジネスの黎明期にチャンネルを立ち上げることが、いかに大きなアドバンテージになるかは想像に難くないでしょう。

動画ビジネスの黎明期、静観を続けますか？　それとも、勇気を出してチャレンジしてみますか？　その選択がビジネスの勝敗を左右する潮目に来ています。

動画広告市場の推移

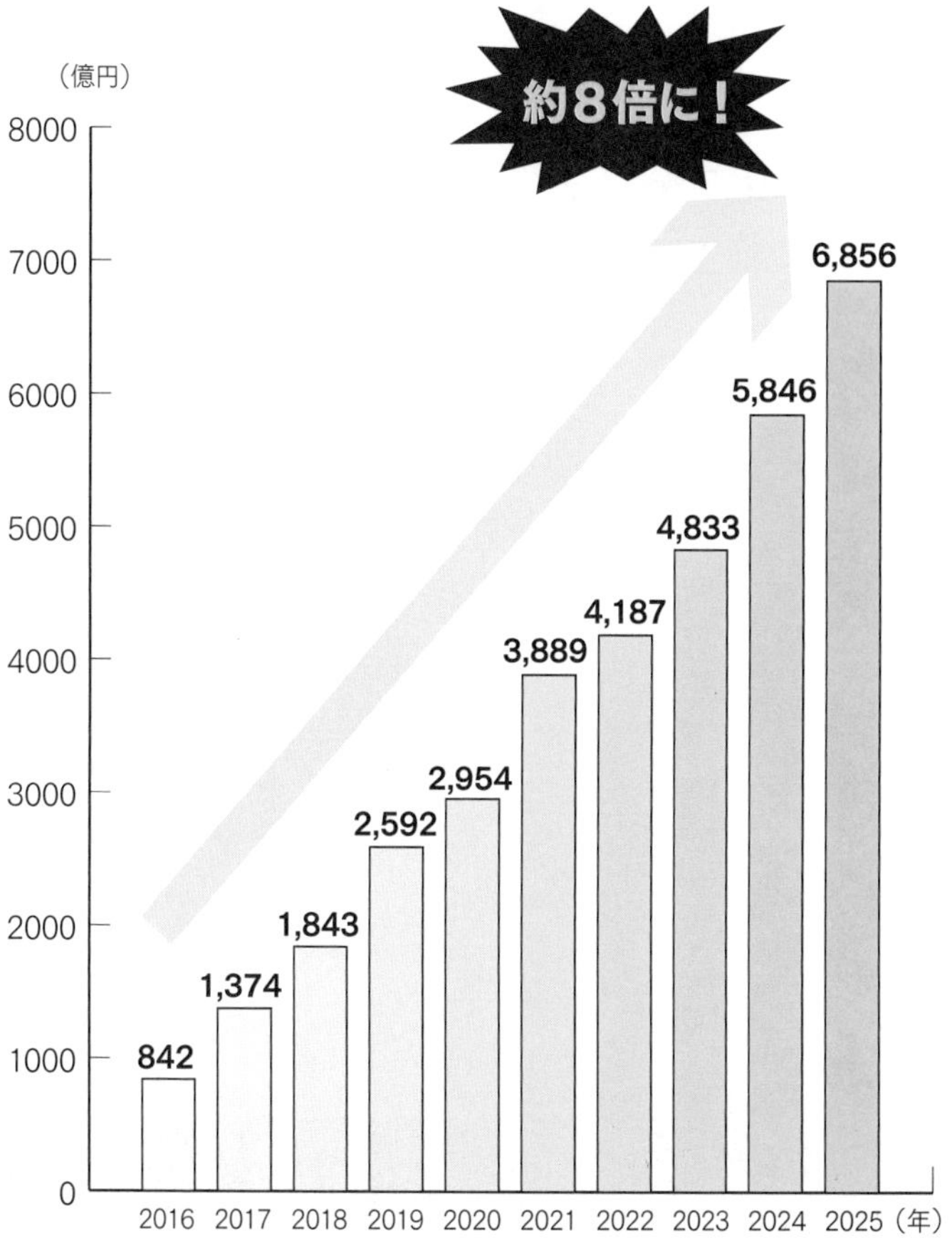

出所：株式会社サイバーエージェント調べ

4マスメディア別広告市場の成長率

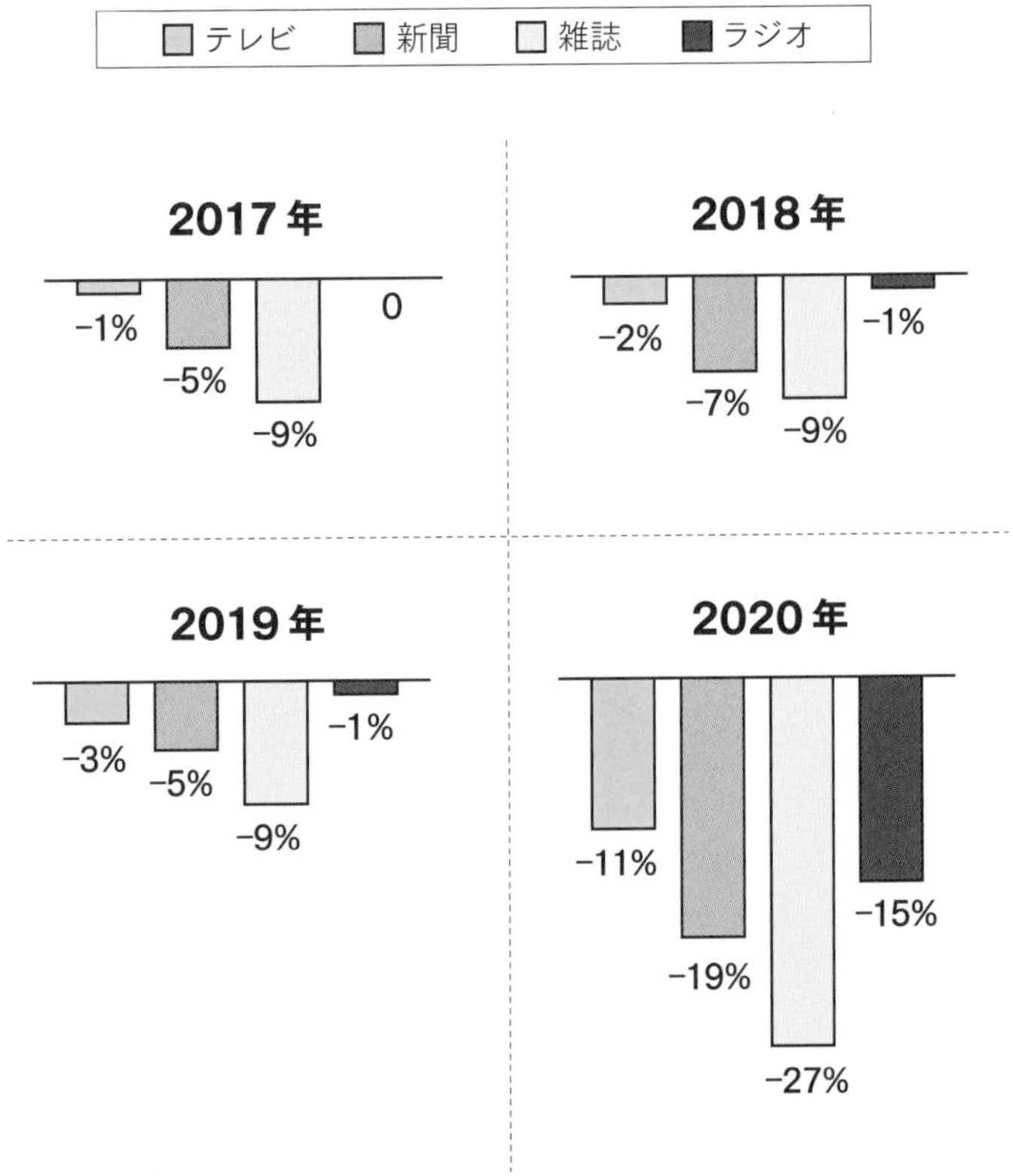

広告市場において、既存メディアから広告予算のシフトが進んでいる！

出所：株式会社電通「日本の広告費」

巨大プラットフォームはユーザーの時間を奪い合っている

ＧＡＦＡを始め、ＴｉｋＴｏｋやライブ配信ＳＮＳなど、世界では多くの巨大プラットフォームがひしめきあっています。その中で各社が競っているのは何でしょうか。

それは**「可処分時間」の奪い合い**です。

可処分時間とは、個人が自由に使える時間を指します。所得のうち自由に使える金額を示す可処分所得というものがありますが、この考え方を時間に当てはめたものと考えるとわかりやすいでしょう。具体的には1日24時間のうち、睡眠・食事・仕事・勉学、といった生活に欠かせない時間を差し引いた残りの時間を指します。

現代はユーザーの可処分時間の奪い合いを各社が繰り広げています。

他社のプラットフォームに時間を奪われるのではなく、いかに自社のプラットフォームに留まってもらい時間を使ってもらうか。

ここを達成するために、大手プラットフォーマーはＡＩを使い、ビックデータを分析

し、よりユーザーの脳内をハックしようとしているのです。これはＳＮＳプラットフォームだけではなく、Ｎｅｔｆｌｉｘなどのコンテンツメーカーにも同じことが言えます。中でも一番ユーザーの時間を奪うコンテンツ形態が「動画」なのです。

若年層は発信者の〝感性〟を信用している

「失敗する可能性の低いものを効率よく選びたい」

これが現代の若年層の本音でしょう。

このため、発信者の感性やおすすめを参考に購入するケースが非常に増えてきました。

その理由としては、タイムパフォーマンス（時間当たりのコストパフォーマンスの良さ）と呼ばれる効率重視の流れに見るように、**購入した商品やサービスは〝自分が支払った時間やお金のコストが無駄にならないか〟という観点を重視する流れがある**からです。そのため、グルメやファッション、エンタメなど、生活のあらゆる商品、サービス、選択には発信者（インフルエンサー）の感性を参考にし、失敗する可能性の低いものを効率よく選び取りたい、という意識が如実に表れてきています。

以前まではテレビやCM、広告など、企業が発信する一方的な情報でしか商品やサービスを選ぶことができませんでしたが、今はYouTuberやTikTokerなどのインフルエンサーのポジションにいる発信者が、実際に商品やサービスを手に触れ、使用し、使用感などを発信することができるようになり、よりリアルな個人の感想が聞ける時代になりました。

　タイムパフォーマンス、コストパフォーマンスを重視する人たちにとって、まさに商品やサービスを選ぶ際の指針にほかなりません。

「ソーシャルコマースに関する定点調査２０２１」では、商材を知るきっかけがＳＮＳであるというジャンルの商品が50％を超えているものもあります。

　今後さらにこの流れは加速して行くと思います

男性の商材を知るきっかけがSNSである割合（性別：男性、商材別）

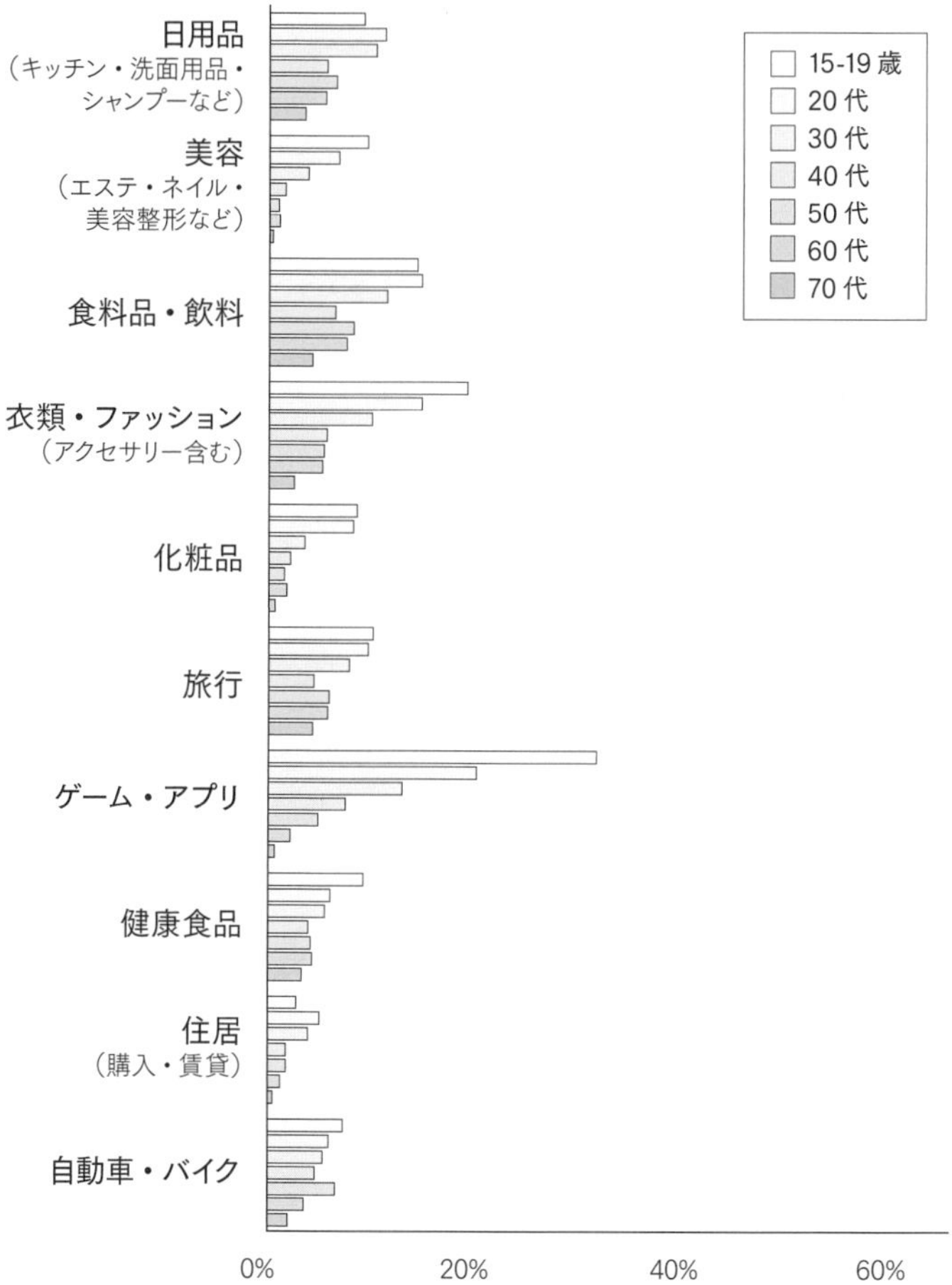

（注）全アンケート対象者を分母とした割合

女性の商材を知るきっかけがSNSである割合（性別：女性、商材別）

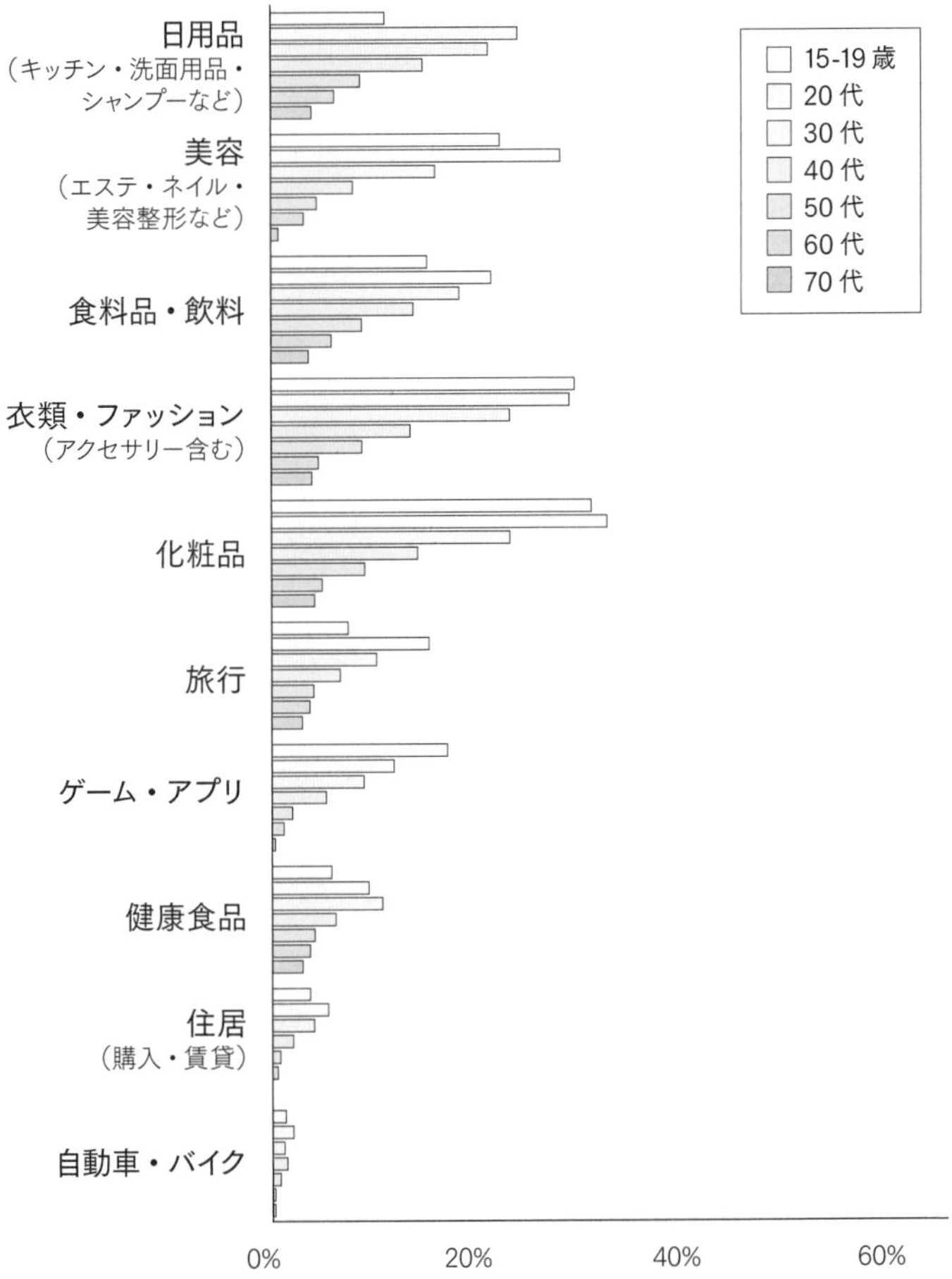

（注）全アンケート対象者を分母とした割合

「売上げ3倍」はそれほど難しくない

これほど将来性に富んだ動画マーケティングですが、参入も売上をアップすることも、それほど難しくありません。私がコンサル・プロデュースをしてきた２００アカウント以上のクライアントの中に、売上が動画からの集客で3倍以上になった！　というケースも少なくありません。いくつか例を紹介します。

飲食店

都内の小さな飲食店の場合ですが、ＹｏｕＴｕｂｅショート、ＴｉｋＴｏｋを使い、簡単な料理動画をアップし始めました。うまくショート動画の波に乗ることができ、10～30万再生の動画を量産することに成功。登録数は11万人を超えました。

料理をする店主の人柄が「癒される」と、視聴者がお店に訪れるようになりました。当時月商１００万円弱でしたが、動画集客の効果で月商２７０万円を突破。まだまだ伸び続けています。

セミナー講師

企業や個人向けにコーチングのコンサルティングをしているセミナー講師。ＹｏｕＴｕｂｅの横動画をせっせと投稿し続け、チャンネル登録は３０００人を突破。当時は年商９００万円ほどでしたが、1年後にはＹｏｕＴｕｂｅからの集客で年商３０００万円を突破しました。

不動産賃貸業者

年商３０００万円前後の不動産賃貸業者がＴｉｋＴｏｋとＹｏｕＴｕｂｅの横動画で空き物件の情報を発信していました。ＳＮＳフォロワーは累計で5万人突破。1年半でなんと年商1億円を突破。視覚的に「住みたい！」という物件を提示できたことにより、問い合わせが殺到しました。

第2章

あなたの商品を
24時間365日宣伝！
ウケる動画制作のコツ

知らないと視聴者数に差がつく！
動画プラットフォームの特性

動画配信をしてみようと思った時、どんな動画をつくるかということばかり考えていてもうまくいきません。**“どこで”配信するか**ということも、視聴者とのマッチングでは重要になってきます。

ここで、代表的な動画プラットフォームの特性を見てみましょう。

YouTube――ニッチなジャンルから王道まで

検索エンジンの世界の最大手Googleの傘下にあるYouTube。月間のアクティブユーザーが世界で20億人、日本でも77％の方が使用するプラットフォームです。

狭いニッチなジャンルから王道の大衆向け商品やサービスなど、どのジャンルでも発信が向いていいます。「ライブ配信＋投げ銭」といったライブ機能も充実してきており、リアルタイムの動画配信で視聴者とコミュニケーションをとることも可能です。TikTokを追う立場としてYouTubeショートを開始し、最も力を入れているのでショート動画の発信にももってこいです。

TikTok——ショート動画といえば！

ショート動画の先駆けとしての王道のプラットフォームです。

15秒から3分ほどの短尺動画を投稿・共有する動画配信サービスです。ショート動画で伸びるためには必須のアプリといえるでしょう。アルゴリズムの評価は1本目から動画が伸びるコンテンツが中心なので、短期間での再生回数、アカウントのフォロワー増加も見込めます。

実は日本で一番多いユーザー層は40代男性、次に30代男性と意外と30～40代男性にリーチできます。BtoC向けの商材や一般大衆向けのビジネスなど、ニッチな狭い属性ではないジャンルでの発信が効果的です。

Ｉｎｓｔａｇｒａｍ —— 女性ターゲットならマスト

近年になってショート動画のリールにかなり力を入れ始めました。ＴｉｋＴｏｋやＹｏｕＴｕｂｅのショート動画と同様に、再生回数が動画１本単位、初期の投稿でもかなり跳ねやすく、アカウントの開設初期から数万～数十万再生が狙えます。

「ストーリーズ」と呼ばれる24時間で自動的に消える動画共有機能は近年とても人気で、その投稿ハードルの低さから、Ｉｎｓｔａｇｒａｍでは日々多くの動画コンテンツがアップされています。

また、Ｉｎｓｔａｇｒａｍを使用しているユーザー層に関しても20代～30代の女性利用者が多い点も特徴的。ＹｏｕＴｕｂｅやＴｉｋＴｏｋとは別のおしゃれな層や女性、ママ層にもリーチしやすいので、女性ターゲットのビジネスをしている場合は必須と言えます。

Facebook――つながりがあるなら活用を！

基本的にはＩｎｓｔａｇｒａｍのリール動画が流れてくるプラットフォームと考えてください。Ｆａｃｅｂｏｏｋは実名、リアルの友人との繋がりなどが多いので、動画で新規層にリーチするという特性はあまりありませんが、クライアントなどとＦａｃｅｂｏｏｋで繋がっている場合は、動画での説明や販促は効果的です。

Twitter――これからに期待がかかる！

Ｔｗｉｔｔｅｒは、世界でも最もアクティブなユーザーが多いのが日本です。

文字ベースでの投稿がメインですが、イーロン・マスクがＴｗｉｔｔｅｒを買収後、ショート動画などのタブ・露出に力を入れているので、Ｉｎｓｔａｇｒａｍのリールのようにショート動画がこれから一気に伸びていく可能性があります。ほかのＳＮＳで発信した動画をＴｗｉｔｔｅｒに投稿していくのもひとつの手です。

顔出し不要！ 上手く話せなくてもいい

これからは動画の時代。テレビや旧来のメディアではなく、動画で商品やサービスを売る時代というのはわかっているけれど、顔が知れてしまうのは不安だし、知り合いが見ていたら恥ずかしい……。そんな不安もあり、なかなか動画をアップできない、重い腰が上げられないという方は多いのではないでしょうか。

しかし安心してください。

必ずしも、動画マーケティングは顔出しが必要なわけではありません。

実は**顔出し不要でも大丈夫**。そして**うまく話せなくても大丈夫**なのです。その理由をこれから説明していきます。

まず顔出し不要についてですが、本来であれば顔を出したほうが人間心理として視聴者は親近感が湧きます。しかし最近では顔出しなしのコンテンツも、ものすごく需要があります。

33歳酒飲み独身女あやかぼっち宿泊記

https://www.youtube.com/channel/UCTyU2g7v1iU0alhokABASIQ/videos

たとえば顔出しなしのｖｌｏｇで、独身ＯＬの生活動画などは３００万再生超えが出ているなど、ヒットしているコンテンツはたくさんあります。また、上の動画は声もなく、首から下の映像だけで、テロップを入れる、それだけの動画ですが、視聴者は好んで閲覧しています。

またブログだけではなく、ハウツー、料理、ダイエット、営業術、恋愛ノウハウ、商品紹介など、さまざまなジャンルにおいて、顔出しなしのコンテンツというのは近年非常に伸びています。

むしろ、「顔出しなしの方がいつも有益で面白い動画を出してくれている。一体この動画主はどんな人なんだろう？」

という好奇心をそそることにもなります。

　またトークが上手くなくても大丈夫です。なぜなら、動画に関しては台本をカメラに向かって読むだけでも、ハウツー系のコンテンツは成り立つからです。実際に、チャンネル登録者数10万人のチャンネルであっても台本をそのまま読んでいるという場合が多いからです。

　つまり、**顔を出さなくても、その場で話すトーク力がなくても動画コンテンツは成り立つのです。**

「スマホでどう見えるか」が最重要

YouTubeやTikTok、Instagram、Facebookなど、さまざまな媒体をこれから始めようと思った際に重要な点があります。

それは**「スマホでどう見えるか」が重要**ということです。

たとえば企業やビジネスマンの陥りがちなポイントとしては、普段パソコンで作業をしたり、デスクトップ上でWebバナーや画像の加工を行なったりしているため「パソコンの見え方を優先してしまう」ということがあります。

しかしこれは失敗パターンです。

パソコンの見え方で動画を作ろうとしてしまうと、途端に反応が悪くなります。なぜなら、現在の動画プラットフォームや媒体はほとんどの場合がスマホを想定しており、ユーザーのデバイスに関しても、ほぼ8〜9割がスマホでの閲覧になります。

つまり、パソコンでいつも自分が見ている画面で動画を制作してしまうと、文字が小さかったり、顔が遠かったりと「スマホで見にくい」という事態が発生してしまいます。

こういった失敗パターンを防ぐために、必ず**動画の完成確認はスマートフォン**で行いましょう。作業環境はスマホでもパソコンでも良いのですが、パソコンで作ったものを実際にスマホ上で確認してみるとクリエイティブが小さいということが往々にして起こります。これは注意しましょう。

想定ユーザーを具体的に設定しよう

ターゲットをイメージする際、多くの企業が見落としているポイントがあります。それは、**「動画を視聴する時は人の理解力が落ちている場合が多い」**ということです。同じ30〜40代男性でも「ふだんの30〜40代男性」と「YouTubeを見ている時の30〜40代男性」とでは別人と言っていいほど理解力や温度感が違うということです。たとえば30〜40代男性向けの高級スーツ店があったとします。顧客の多くは、比較的年収が高い大手企業の社員や経営者――。平日は都心のオフィスでバリバリ仕事をこなし、必要があれば難解な専門書を読むこともある人たちです。しかし、そういうエリート層に見てもらうことを想定してYouTubeチャンネルを運営してはいけません。

動画の視聴者にはインテリもいれば、そうでない人もいます。ここでは視聴者の教養レベルを、

「書籍・論文を読める層」

視聴者は教養レベルで４つに分けて考える

1 書籍・論文を読める層

2 Web 記事や漫画まとめなら読める層

3 YouTube の話し言葉ならわかる層

4 TikTok など 1 分以内の動画ならわかる層

「YouTube ＝週刊誌」

→ YouTube はコテコテの内容が盛りだくさんな週刊誌の温度感だと捉える

「Web記事や漫画まとめなら読める層」
「YouTubeの話し言葉ならわかる層」
「TikTokなど1分以内の動画ならわかる層」

の4段階に分けて考えてみます。

普段の高級スーツ店の客層は、このうち最上位の「書籍・論文を読める層」にあたるわけですが、そのイメージでマジメ度100％のコンテンツを発信したら、間違いなく失敗します。

なぜなら**人の理解力はシチュエーションによって大きく変わる**からです。

人がYouTubeを見るのは、たいていが寝る前や移動中の隙間時間、あるいは休日の暇な時間やリラックスしている時などです。そんな時に、新聞や論文の

IQが高い人でもWebを使う時は理解力や偏差値が落ちた状態

ような難しい内容のコンテンツに触れたいと思うでしょうか？

大抵の人は見たくありません。

そう、**YouTubeはたとえるなら空き時間にサクッと見る娯楽や、コテコテの内容が盛りだくさんの週刊誌**のような温度感だと捉えてもらえるとわかりやすいと思います。

仕事の資料を読んだり、机に向かって勉強したりする時の理解力を100としたら、通勤中にスマホを見ている時は60、ソファで寝そべりながらスマホを見ている時は30というように、くつろいだ状態になるほど理解力は落ちていきます。

ふだんは活字に抵抗がない人でも、YouTubeを見ている時は「YouTub

「誰」に「何」を提供するか？

最初は絞る（例：20代女性にパック情報）→ 最終的に自社商品へ

eの話し言葉ならわかる層」と同じくらいの理解力・温度感になっているのを忘れてはいけません。

では、具体的にはどう想定ユーザーを設定したら良いでしょうか。

それは、**具体的な年代（幅20歳まで）と性別、発信するジャンルを選んだほうが良い**です。たとえば、

「20～30代向けの化粧品のパック情報を専門に発信するチャンネル」

のようなイメージです。くれぐれも

「美容やファッション、グルメなどを紹介するチャンネル」

のような何でもやるチャンネルはやめましょう。視聴者の属性が定まらずに、失敗してしまいます。

想定ユーザーの〝困りごと〟を解決しよう

ＹｏｕＴｕｂｅやＴｉｋＴｏｋ、インスタグラムなど、横動画やショート動画をする際にどういった動画を届けるべきでしょうか。

答えをお伝えするならば、想定する**ユーザーの「困りごと」を解決するコンテンツ**を出しましょう。

たとえば、１年必死にやっても伸びない動画コンテンツは、ユーザーの「困りごと」の解決ではなく、自社の宣伝やビジネスに必死につなげようとする意図がユーザーに透けて見えてしまっている場合が多いです。**自社のビジネス都合が伝わってしまう動画は極端に伸びません**。スーツ店でいうならば、次のようなコンテンツは避けましょう。**ユーザーが求めているのは問題の解決**なのです。

1年やっても伸び悩むケース

- 当店の取り扱いスーツ種類
- 当店のコロナ取り組み
- 初めて入店される方はどうすればいい？

では、実際にスーツ店を例にした時にどういった動画をアップしていけば良いのでしょうか？

動画プラットフォーム上で再生回数が数万〜数十万で回っている動画のタイトルを紹介していきます。

実際に回っている動画のタイトル

- ネクタイ結び方とコツ
- 女子受けが良いスーツスタイル
- 今さら聞けないボタン留めルール
- 最強コーデテク

1年やってもチャンネル登録に伸び悩むケース

＜スーツ店の場合＞

● 当店の取り扱いスーツ種類

● 当店のコロナ取り組み

● 初めて入店される方は
どうすればいい？

宣伝やビジネスに必死な内容

実際によく見られている動画のケース

- ネクタイ結び方とコツ

- 女子受けが良いスーツスタイル

- 今さら聞けないボタン留めルール

- 最強コーデテク

最初の興味・関心に結びつくもの

これらの動画の切り出し方は何が違うでしょうか。

そう、ユーザーの
「着方が分からない」

「印象をアップしたい」

「マナーが分からない」

という悩みの解決ができているのです。


今はスーツ店のケースを紹介しましたが、全ジャンルに共通して言えるのは左の知りたいと思う要素のどれかを満たしているということです。


ここまではビジネス中心のお話をしましたが、たとえば、「笑える動画」というのもユーザーの困りごとを解決しています。なぜならそれは「暇つぶしをしたい」という何をしたら良いかわからない時間の解決をしているからです。

お笑いと関係のない企業などが笑いの取れるコンテンツの動画をアップしているケースがありますが、それはユーザーの暇つぶしという問題を解決し、接触頻度を増やすことで、結果的に自社の認知や集客、採用につながっているのです。

YouTubeの視聴者（赤の他人）が知りたいと思うテーマ

- お金が増えるのか？

- モテるのか？

- 常識や知識が増えるのか？

- 人間関係がうまくいくのか？

- 新しい情報や興味深い情報があるのか？

- 健康になるのか？

- 自分の生活の時短になるか？

- 面白く暇つぶしになるか？

昭和世代が知らない「コト消費」の本当の意味

今、世の中の経済は大きな流れの転換期にあります。それは、**モノ消費よりもコト消費に重きが置かれている**ということなのです。

なぜなら、**消費者の行動心理には大きな変化が起こっている**からです。

たとえば、モノがあまりなかった時代には、商品という「モノ」自体に価値がありました。

１９５０年代後半においては、日本経済の急成長と共に豊かさや憧れの象徴として、「白黒テレビ」、「洗濯機」、「冷蔵庫」が〝三種の神器〟と呼ばれていました。

そして、１９６０年代半ばには、「カラーテレビ（Color television）」、「クーラー（Cooler）」、「自動車（Car）」が新たな〝三種の神器〟として売り出されるようになり、頭文字をとって「３Ｃ」と呼ばれるようになりました。

これらの商品は、当時の人たちにとって高価ではありましたが、所有すること自体に価値のある商品だったのです。そう、モノを購入して所有すること自体に価値がある時代でした。

しかし、現代はどうでしょうか。

「モノが満ち足りている」とは言い過ぎかもしれませんが、冷蔵庫やテレビ、洗濯機などは持っていて当たり前の時代です。ほとんどの人が「どうしても手に入れたい」と切望しているものは、あまりありません。

つまり、**モノ自体の価値が下がっている**という事です。

では、今は何が求められているか。

それは、モノではなく「コト」「指名買い」と呼ばれるもので、「あのお店から購入したい」「商品の裏側にあるストーリーが欲しい」といった**心の充実**です。

たとえば、私が先日とある20代前半の女性に、ユーザー調査のヒアリングをしていた際の話です。「最近購入して一番良かったものは？」と聞くと、彼女は「友達とオリジナルのノートが作れるお店に行って買ったノート」だと答えたのです。聞いてみると、そこは紙質やデザインやノートを止めるリングなどを自分でカスタマイズして作れるお店。通常のノートは数百円で買えますが、そこのノートは一冊１０００円～２０００円になります。

しかし、彼女にとってはそこで友達と楽しくノートをつくるという〝体験〟が大切

オリジナルのノートが作れる　HININE NOTE

https://hininenote.jp/

だったわけです。その体験を通したコトの消費が付加価値となり、多くの若者の心を捉えているのです。

まさにこれはモノの価値から心の価値への変化を表している出来事と言っても良いのではないでしょうか。現代の消費者マインドを捉えていく大きなヒントになります。

つまり、これらの流れを言い換えると、ただ単に商品が良いだけでは売れない時代に突入しているということです。

ただの商品を手に入れるだけではなく、それを**手に入れる事で「どんな体験を得られるか」「どんな繋がりが生まれているか」を知ってもらい、初めて売れる時代**なのです。

スマホだけでも動画編集は可能？

動画が良いのはわかった。マーケティングやブランディング的にも、集客や採用にも役立つのはわかったけど、どうやって動画を作ったらいいの？　重い機材を買って、ハイスペックなパソコンを購入して、高い編集ソフトを用意してやらないといけないんでしょ？

皆さんはそう思うかもしれません。

しかし安心してください。そんな機材は必要ありません。

撮影も編集も、スマホのみでも可能です。

特にTikTokやYouTubeショート、Instagramのリールなどに関しては、むしろスマホでの編集がおすすめです。なぜなら、良い編集ソフトを使ってパソコンなどで**カッコよく編集したものが動画として伸びるとは限らない**からです。

それはなぜでしょうか。

実は、**ユーザーはリアルさ、等身大感を求めている**からです。
ゴリゴリに綺麗に編集した動画は、どこか「嘘っぽい」と感じてしまうからでしょう。それよりも、素人が編集したような雑さやリアルさのあるほうが動画としては伸びます。

昔、こんな会社がありました。私のところに「３か月頑張ったのに動画が全く伸びません」という悩ましげな問い合わせをいただいた会社ですが、１本３分ほどの動画に対して編集を１週間もかけていたのです。当然アップしている動画本数も少なく、企業が宣伝のためにやっているＣＭのような編集感でした。

最初なので「失敗しないように」とじっくり編集に時間をかけていく気持ちはわかりますが、これはおすすめしません。よく企業がやってしまうトラップです。スマホなどの手軽な編集でも全く問題ありません。

あなたの手元にスマホにアプリを入れて、サクッと片手間で編集してしまいましょう。

おすすめの動画編集ソフト

おすすめしたい動画編集ソフトを2つあげます。

①スマホアプリ「CapCut」
②PC編集ソフト「Premiere Pro」

❶スマホアプリ「CapCut」

まずは動画編集アプリの、「CapCut（キャップカット）」。

なぜおすすめかというと、実はこのアプリはTikTok運営元のBytedance株式会社（バイトダンス）が提供する動画編集アプリなのです。

CapCutを使えば、TikTokに最適な縦動画の編集や、動画へのテロップ挿入、BGMや効果音の挿入、面白いエフェクトなどを使って編集することができます。基本的な編集機能が備わっており、使い勝手も良く、初心者に使いやすいアプリです。

おススメの動画編集アプリ❶スマホアプリ「CupCut」

今回は、ノウハウやトーク系の動画に汎用的に使える、テロップを挿入した基本的な編集の型を紹介します。ＴｉｋＴｏｋ初心者の方は、まずこちらの手順で編集を行なってみてください。

①アプリを起動
②新しいプロジェクトを選択
③カメラロールから動画を選択（複数ＯＫ）
④明るさ調整とトリミング
⑤音声自動書き出し
⑥テキストのフォントや大きさ調整
⑦効果音の挿入
↓
完成！

①アプリを起動

スマホからＣａｐＣｕｔアプリを起動します。

②新しいプロジェクトを選択

タップします。

②新しいプロジェクトを選択

画面上部の「新しいプロジェクト＋」を選択します。

③カメラロールから動画を選択（複数ＯＫ）

既に撮影している動画の素材を選択します。分割して撮影している場合は、複数の動画を選択して繋げることが可能ですので、該当の動画を選択していきましょう。

④明るさ調整とトリミング

ＴｉｋＴｏｋの画面で見た際に人物などが小さい場合、画面が暗いケースが初心者の頃は多いです。動画の**画面トリミングをして、人物が大きくなるように**

④明るさ調整とトリミング

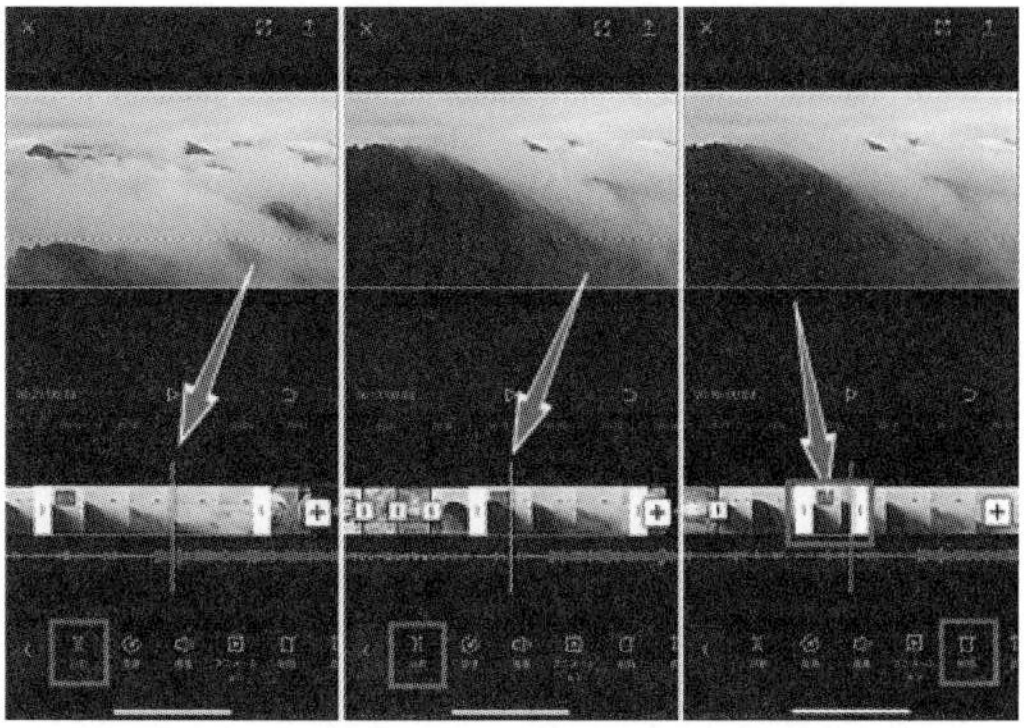

明るさ：編集→調整→明るさ→つまみを右にスワイプして明るく。

画面トリミング：編集→編集→カット。

動画の尺をカット：動画を選択→編集→分割→該当部分を削除。

し、**動画の明るさをアップ**して、見やすくしましょう。

また、**余分な動画部分の尺をカット**しましょう。たとえば40秒の動画を撮ったとして、本編開始までに1秒ほど時間がかかっていたり、トークの途中の間、終了後にカメラを止めるまで、カットできる時間が0・1秒~1秒単位で意外と数多く存在したりしています。その間はTikTokにとっては命取りとなる時間です。できるだけ無駄な時間は排除していきましょう。

⑤音声自動書き出し

TikTokでは、**視聴者を切らさないように、テロップを表示する**事を強くオススメします。ＴｉｋＴｏｋは、電車での移動中など、音声なしや小さめで動画を視聴するユーザーもいるので、**テロップがあったほうが動画の視聴維持率がアップ**します。ＣａｐＣｕｔでは自動音声書き起こし機能があり、時短になるので使ってみてください。

自動書き出し：テキスト→自動キャプション→アップロード曲

⑥テキストのフォントや大きさ調整

音声自動書き出しで書き起こしたテキストの調整をします。ＣａｐＣｕｔの音声書き起こしは精度がかなり高い方ですが、ところどころ誤字・脱字があったりするので、そのテキストを修正します。また、自動書き起こしの場合はテキストが小さく、テキストの色もノーマルですので、ポップで見やすいフォントを選びましょう。

フォント調整：テロップを選択→スタイル→エフェクト→好きなフォントを選択

完成

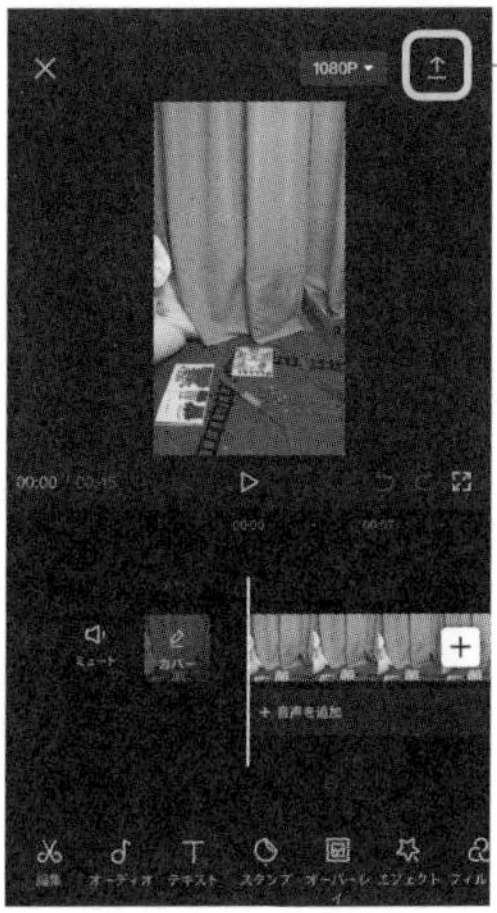

タップすると
スマホのカメラロールに
保存されます。

⑦効果音の挿入

ただのトークや動画の音声だけだと、間伸びしてしまいすぐに視聴者が離脱してしまう動画になってしまいます。効果音を入れてあげることにより、テンポ良く引き込まれる動画になります。目安としては動画の**序盤には1秒に1個以上、10秒以降は3秒に1個目安で効果音を挿入**していきましょう。序盤ほど視聴者が離脱する割合が高いので、より序盤には集中して効果音を入れ、注意を引きつけていきましょう。

効果音：オーディオ→エフェクト→各項目から選択

おすすめは「パフォーマンス」の項目にある、「ボヨン」「キラッ」「ジャジャーン」「キャー」などのような単発の効果音です。この効果音があることにより、グッと視聴者の集中力がひきつけられます。ヒットしている動画に使われている効果音を参考にしてみましょう。

完成！

完成した動画を書き出しましょう。右上の【エクスポート】をタップします。書き出した動画はご自身のスマホのカメラロールに保存されています。

❷PC編集ソフト「Premiere Pro」

Adobe Premiere Pro（プレミアプロ）は、Adobe社から提供されている動画編集ソフトです。

プロの現場で使われていることも多く、短い動画から長編動画の製作まで幅広く対応した高機能なソフトです。パソコンでゴリゴリと長尺動画を編集したいという方はこちらをおすすめします。

「Premiere Pro」オススメ入門書

『プロが教える！　Premiere Pro
デジタル映像編集講座 CC 対応』

SHIN-YU（著），川原 健太郎（著），
鈴木 成治（著），月足 直人（著）
ソーテック社
ISBN-13：978-4800712004

難しそうに感じる画面ですが、使い方としては

①動画を取り込む
②動画をワークスペースで編集する
③書き出す

という作業になります。

こちらの詳しい編集に関しては、上に紹介しているような簡単な入門書を1冊軽く読むと良いでしょう。

1. ソースモニター

Premiere Pro に読み込んだ素材の再生や編集が可能です。

2. ツールパネル

動画編集に使用する各種ツールが表示されたパネルです。

3. プロジェクトパネル（プロジェクトモニター）

Premiere Pro で使用する動画や静止画、音声などの素材が表示されます。

4. プログラムモニター

製作している動画が表示されるモニターです。

5. タイムラインパネル

動画の時間軸に沿って、素材のタイミングや重なり順などを設定するパネルです。Premiere Pro では、動画や静止画、音声などの素材をシーケンスと呼ばれるデータに配置することで、映像を製作できます。

6. そのほかのパネルの表示方法

メニューバーにあるウィンドウというメニューをクリックすると、各種パネルの表示・非表示を選択できます。

オススメの動画編集ソフト「Premiere Pro」

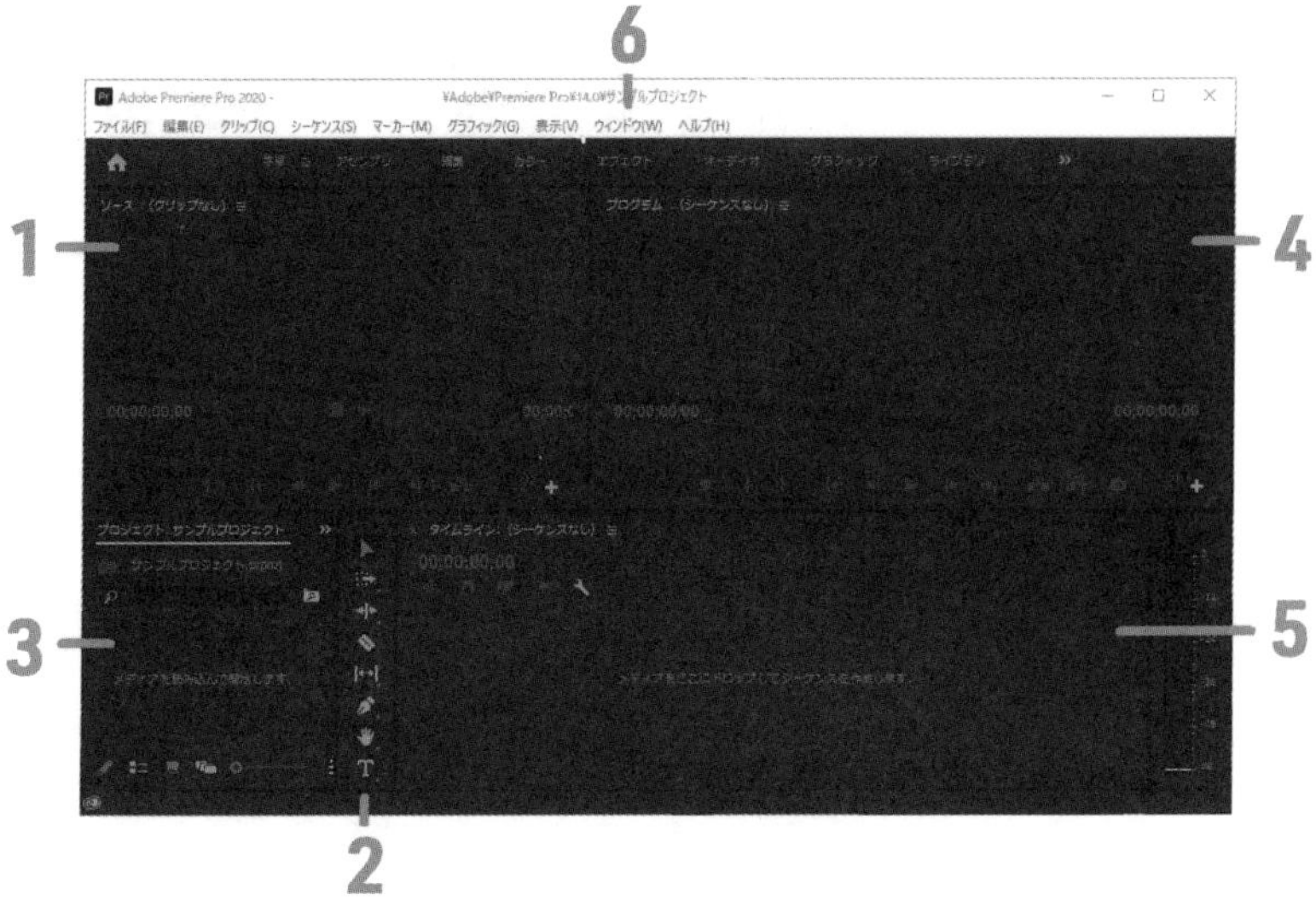

使い回しで一番手間がかからない設定の方法

動画を撮影・編集する際に、一番重要な点をお伝えします。

それは**「編集フローが楽である」**ということです。つまり、**設定や撮影の数値などは使い回し**できるようにしておきましょう。

CapCutやPremiere Proをご紹介しましたが、重要なのは撮影時の設定から始まっています。現在は4K撮影や滑らかな撮影ができるコマ数の多い撮影などもありますが、それらはデータが重たくなるのでおすすめしません。撮影した動画のアップロードやダウンロード、完成動画のやりとりで数時間が経ってしまう場合もあります。

次の設定で撮影すれば問題ありません。

画面サイズ1080HD：1920×1080（ピクセル）

フレームレート：30fps

画面サイズとは、動画の幅であり、電子上での動画の縦横比を指しています。現代のカメラやスマホは優秀なので、４Ｋなどで撮影もできますが、先ほどの理由からおすすめしません。

トップＹｏｕＴｕｂｅｒやインフルエンサーもほぼこの設定で撮る場合が多く、**４Ｋでの撮影はただデータが重たくなるだけで、動画の伸びには関係ありません。**注意しましょう。

フレームレートとは、１秒間に入る動画のコマ数です。パラパラ漫画を想像いただければ分かりやすいと思いますが、普段私たちが見る映像は1秒間にパラパラと写真が連続で移り変わり、それを映像として認識している構造となっています。フレームレートが30ｆｐｓということは、１秒間に30枚の写真コマ数が入っているということです。基本的にはこのコマ数で問題ありません。

編集画面の設定

動画を編集する際にも、４Ｋや60ｆｐｓなど様々な設定があるのですが、予め先述のサイズやフレームレートの設定をデフォルトにしておくと良いでしょう。手間がかからない最適な設定方法です。

動画は最初の○秒で決まる

動画でのマーケティングは、現代で最も重要です。しかし、ただ闇雲に動画を作成するだけでは意味がありません。特に、多くの企業は動画の最初のパートで大きな間違いをしてしまっているケースが非常に多いです。

その**間違いとは、ズバリ「冒頭の興味付けができていない」ということ**です。

たとえば、失敗例としてＹｏｕＴｕｂｅでいうなら、**最初に音楽に乗せてチャンネル名をいうだけの「オープニング」を入れるのは最悪の手**といえます。

きまじめな会社ほど「きちんとしたものを作らねば」とオープニングを入れたがりますが、そんなことをしたら、その時点で視聴者の７割以上は離脱してしまいます。

オープニングを入れても許されるのは、すでにチャンネル登録者数が数10万人レベルの大御所チャンネルだけです。

オープニングは大御所チャンネルだけ！

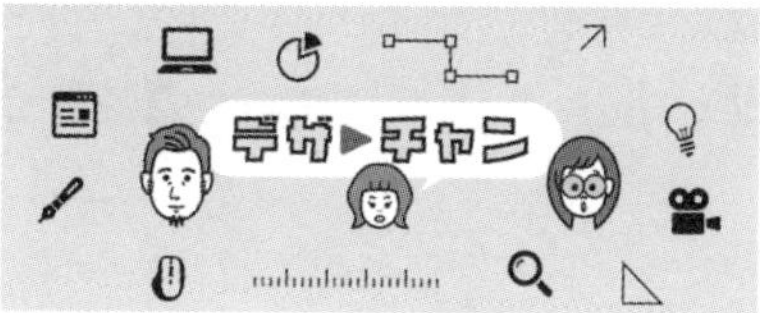

それくらいのクラスになれば、冒頭に5秒くらいのオープニングがあっても視聴者は我慢して続きを待ってくれますが、たまたま「おすすめ」で見つけただけの、よく知らない企業の動画でオープニングが始まったら、その時点で視聴者は「何だこれ」と興ざめして視聴をやめてしまいます。

YouTube公式も「最初の15秒がとても肝心で、そこで離脱する人が多いので注意しましょう」と発表しています。

ＹｏｕＴｕｂｅに限らず、ＴｉｋＴｏｋやＩｎｓｔａｇｒａｍなどの媒体の短尺（60秒以内）動画に関しては、もっとシビアになってきます。

各媒体の離脱率

YouTube 横動画 ▶▶▶▶ 最初の **15** 秒！

YouTube ショート動画 ▶ 最初の **1 〜 3** 秒！

TikTok ▶▶▶▶▶▶▶▶ 最初の **1 〜 3** 秒！

Instagram リール ▶▶▶ 最初の **1 〜 3** 秒！

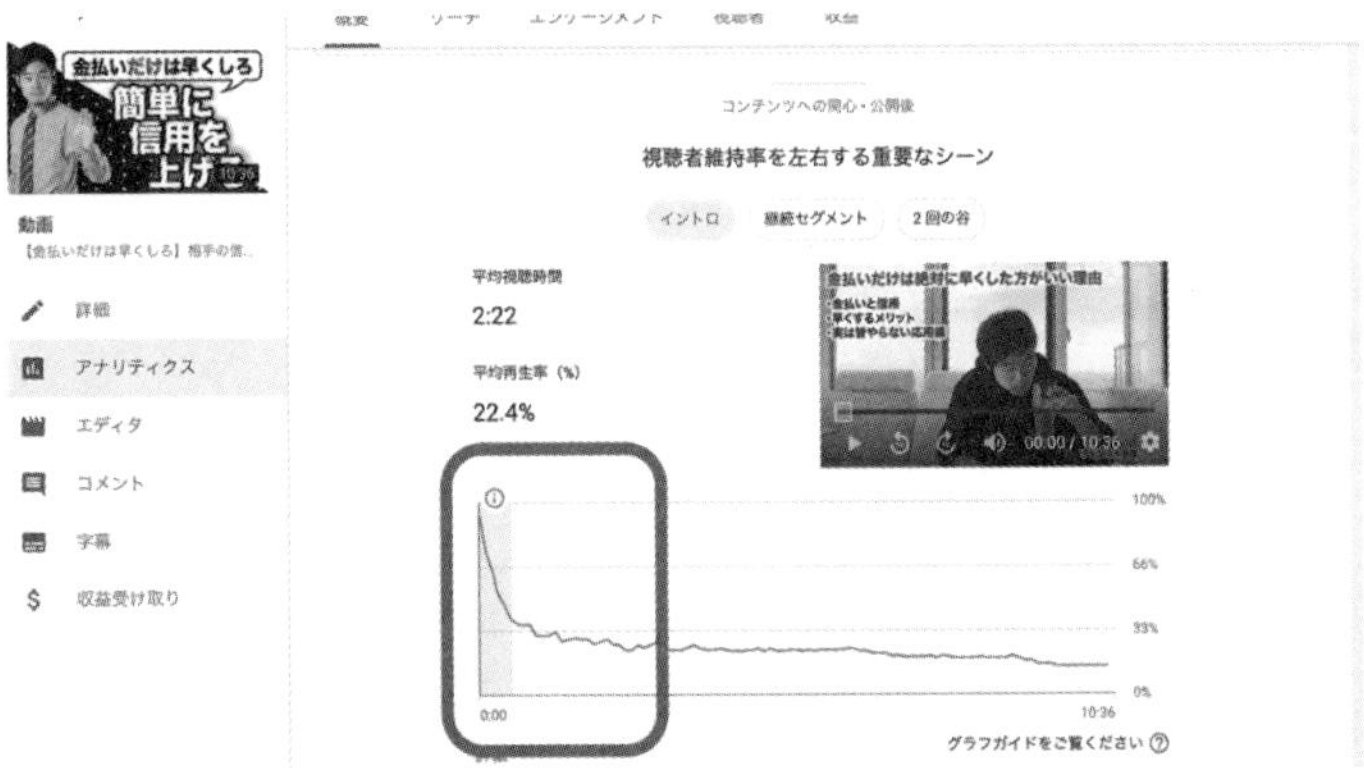

YouTube では対策しないと
最初の 15 秒の離脱率 70%！

●各媒体の重要な指標

各媒体の重要な指標は、

YouTube横動画：最初の15秒

YouTubeショート動画：最初の1～3秒

TikTok：最初の1～3秒

Instagramリール：最初の1～3秒

と短いのです。では、最初の重要な数秒のパートで何をしなければならないかというと、

「興味付け」もしくは「いきなり結論から入る」

です。

●YouTube公式見解

視聴者維持率の曲線は、動画の各時点での視聴回数を、動画の全視聴回数で割ってだしています。どの動画でも最初の15秒間に注意する必要があります。なぜなら再生をやめる視聴者が最も多いのがこのタイミングだからです。

では、効果的な動画の流れや台本の作り方をお伝えしていきます。

台本を必要とするパターンは、ノウハウやハウツーを伝える動画が中心となります。

今回は、そのテーマで多用できる台本の型を2つだけご紹介します。この2つだけを使用しても、伸びる動画を撮影することができます。私のクライアントの某大手企業は、この2つのテンプレートだけでTikTok開始わずか2か月でフォロワー1万人。再生回数月間900万回を突破いたしました。即効性のある型です。

7つの順番で組み立てるだけでOKです。こちらのテンプレートを使えば、動画の台本作成が慣れてくると3分ほどで可能になります。

台本の型①ノウハウ・知識伝達タイプ

(1) 興味付け・衝撃的なキャッチフレーズなど
(2) 動画の内容
(3) メリット
(4) やらないデメリット
(5) いいねとフォロー誘導

（6）結論
（7）オチ

7つの項目の各説明

（1）興味付け・衝撃的なキャッチフレーズなど
↓ＴｉｋＴｏｋは最初の１秒で勝負が決まります。タイトルや動画の説明を最初にもってきてしまうと一瞬でスワイプされてしまいます。世の常識とは違う内容や衝撃的なフレーズをもっていきましょう。

（2）動画の内容
↓次に動画の内容をこのタイミングで話します。長くなりすぎないように、さらっと伝えます。

（3）メリット
↓ノウハウやハウツーであれば、それをやることによって得られるメリットを伝えます。

（4）やらないデメリット
↓また、更にそれをやらないことによるデメリットも伝えます。

（5）いいねとフォロー誘導

↓結論を言う前に、いいねやフォローへの誘導をしましょう。動画のパフォーマンスが上がりグッとおすすめ表示率が上がります。

（6）結論

↓結論はさらっと言いましょう。長くなりすぎないように。

（7）オチ

↓クスッと笑えるネタや、視聴者が突っ込めるようなオチを挿入します。

実際の例

（1）食べてもいい！　運動しなくてもいい！

（2）毎日15秒でできる超簡単なダイエット法

（3）しかもこの方法はデトックス効果もあり血液がサラサラに！

（4）逆にこれをしないと病気になりやすくなってしまいます

（5）この最強のダイエット方法を知りたい人はいいねとフォローお願いしますね

（6）そんな最強のダイエット方法とは、〝水を1日2リットル飲む〟です

（7）ということで水を飲むだけでモテ街道全開！

台本の型②ランキング形式

動画の内容

第5位

第4位

第3位

第2位

第1位は○○○です

第1位

実際の例

絶対にやったほうがいい生活習慣5選！

第5位　早起き

第4位　朝日を浴びる

第3位　冷水で顔を洗う

第2位　白湯を飲む
第1位は衝撃的なコトです
第1位　乾布摩擦

ここでのポイントは、**第1位の発表をテキスト等で一瞬だけ、パッと見せる、または早口でサッと言うなどしてください**。

「第1位は○○○です」のように、1位への興味を維持させておくことで、最後の1秒まで視聴される動画になります。

縦動画は何を伝えるのに適しているのか

現在のスタンダード「縦動画」にはどのようなメリットがあるのでしょうか？
以下、3点をご紹介します。

1．片手で気軽に視聴できる

「スマホの向きを変える」というアクションをユーザーに取らせることは、現実的ではありません。片手でスマホを手軽に操作することが主流の時代にあって、手間だと思われてしまいます。

縦動画の仕様であれば、ユーザーはスマホの向きを変える必要がなく、片手で気軽な体制で視聴することができます。電車の中など限られたスペースの中で、隙間時間に視聴する際は、片手で持って視聴するのが好まれます。

2．フルスクリーンで視聴できる

縦型動画では、スマホのスクリーンをフルに使用することができます。そのため、横型動画と比較するとスクリーン上の表示面積は約3倍になります。動画をフルスクリーンで表示できるため、横型動画よりも没入感の高い動画を制作することができます。

3．ＳＮＳ広告との相性が良い

多くのユーザーはスマホを「縦向き」で利用しています。ユーザーに「スマホの向きを変えさせる」ことは難しく、広告動画では更にその難易度は上がります。そのため、縦向きのままフルスクリーンで動画を再生できる「縦動画」は、ＳＮＳ広告との相性が良いのです。ＴｉｋＴｏｋやＩｎｓｔａｇｒａｍなどの動画ＳＮＳで広告を展開する場合、縦動画が効果的です。

SNSでの縦動画の活用

「縦向き視聴」が主流となった今、「縦動画」が最適であることを裏付けるように、スマホ利用率の高い**10代～30代の若年層では、「縦動画」がメインの動画SNSが流行**しています。

縦動画コンテンツが多く投稿されている「動画ＳＮＳ」からは、縦動画制作のヒントが得られるので、制作を検討の際には次のＳＮＳを一度チェックしてみましょう。

TikTok

縦向き視聴に特化した動画ＳＮＳの代表例として、10代～20代を中心に、若者の間で大人気の「ＴｉｋＴｏｋ」が挙げられます。

横向きの動画も投稿されていますが、多くは縦動画で占められており、「上下」にスワイプすることで別の動画が再生されるなど、縦向きであることを意識したＵＩになっています。

ＴｉｋＴｏｋ上で配信されているインフィード広告の多くも「縦動画」になっており、まさに縦向きに特化した動画ＳＮＳとなっています。

Instagram

２０１６年に開始された「ストーリーズ」機能は、今やメイン機能といっても過言ではないほど利用されています。ストーリーズの特徴は、「投稿から一日でコンテンツが消える」、「最大15秒のショート動画」そして、「縦向きフルスクリーン表示」であることです。

ストーリーズ上に掲載されている広告コンテンツも、ＴｉｋＴｏｋと同様に「縦向きのコンテンツ」が多く見られます。

また２０２０年8月にリリースされた「リール（Ｒｅｅｌｓ）」機能は、最長で15秒の縦型フルスクリーン動画を編集・投稿できる機能です。「発見タブ」などより多くの場所に動画が表示されることで、アカウントに興味をもってもらえる確率も高まり、フォロワー増加が期待できます。またフォロワー以外に動画を届けられ、偶然の出会いを創出できる点も魅力です。

ＹｏｕＴｕｂｅ

ＴｉｋＴｏｋの世界的な流行もあり、後追いのようにしてできあがったＹｏｕＴｕｂｅ上の縦動画プラットフォームの投稿タイプがＹｏｕＴｕｂｅショートです。ハッシュタグ＃ｓｈｏｒｔｓを付けるだけで60秒以内の縦動画のショート動画として、通常の横動画とは違うタブにて表示されます。

第3章

SNSやウェブメディアとの合わせワザ つくった動画を広く届ける技術

上げただけでは〝大海原の小舟〟にすぎない

動画をＳＮＳなどの各種プラットフォームにアップロードする。

これだけでも大きな一歩を踏み出しています。動画コンテンツは、テキストなどのコンテンツを１００とするとまだまだ１の分量ですから、動画をアップすること自体とても価値のあることです。

しかし、そうはいっても動画コンテンツも多くのクリエーターがアップしています。ただ動画をアップロードするだけでは意味がなく、いかに動画があるかを知ってもらうかということが重要です。

ＹｏｕＴｕｂｅやＴｉｋＴｏｋ、Ｉｎｓｔａｇｒａｍなどの各種プラットフォームにおいて、**動画を広く知ってもらう、拡散してもらうためには「ＡＩの攻略」が不可欠**になってきます。ＡＩの攻略には、各プラットフォームが動画をよりおすすめ等に押し出したり、関連の動画として露出を増やすための重要な指標を判断したりするためのアルゴリズム

を知ることです。このＡＩによるアルゴリズムは、どのプラットフォームでも近年では同じ傾向が見られます。

　どのプラットフォームにも共通する重要な項目をピックアップします。

- サムネイル（動画を知る1枚目のクリエイティブ）
- タイトル
- ハッシュタグ
- 初動の引きつけ
- 動画の維持率

サムネイル（動画を知る1枚目のクリエイティブ）

　動画を見つける際に、最初に目に入る

看板扉のようなものです。どのプラットフォームでもこのサムネイルにあたる要素が設定でき、かつ非常に重要です。なぜならサムネイルをクリックしなければ、そもそも動画は試聴されないからです。

逆に、この**サムネイルで引きつけることができれば、各動画プラットフォームがおすすめなどで動画をさらに露出**してくれます。

ポイントは、**文字を詰め込み過ぎない**ことと、**クリックされることに焦点を当てるこ**とです。

タイトル

各動画プラットフォームで、サムネイルと共に画面に表示されるのがタイトルです。

タイトルのポイントは最初の5文字以内に、**感情を揺さぶる単語を持ってきてあげるこ**とです。

たとえば**【衝撃】【ビックリ】【ヤバすぎ】【え?】【要注意】などの表現をタイトルの序盤につけ**、「なんだろう?」という感情に訴えかけるタイトルにしましょう。

ハッシュタグ

基本的に各プラットフォームにおいて、ハッシュタグをつけられる仕様になっています。ほとんどの場合「#」をつけ、その後に単語やフレーズをつけてあげるとハッシュタグになります。

ハッシュタグの効果としては、そのハッシュタグがついている投稿を一律でユーザーは検索することができるため、コンテンツの露出を高める効果があります。ハッシュタグがより多いフレーズに乗っかることが得策です。

注意点として、**ハッシュタグに関しては多くつけすぎない**ようにしましょう。ＡＩが「無駄なハッシュタグをつけているコンテンツ」として、露出を控えるシャドウバンの対象となってしまいます。

初動の引きつけ

サムネイルやタイトルを見てクリックをし、動画の視聴を始めた際に、一番ユーザーが離脱するポイントが初動の時間です。**10分程度の動画なら最初の15秒以内、1分以内の動画であれば最初の3秒に注意**しましょう。ここで続きを見たくなるような最初の興味付けができると、動画を継続してみてもらうことができます。

動画の視聴維持率

動画が各プラットフォームでおすすめされていく仕組みとして、動画の「視聴維持率」というものがあります。これは、ユーザーが動画をどこまで継続して視聴しているかの指標で、最後まで見られるほど視聴維持率は高まり、各動画プラットフォームもその視聴維持率の高い動画をおすすめ表示してくれます。

ジャンプカットと呼ばれる編集で間を無くしたり、ユーザーが離脱したポイント（ほとんどのＳＮＳで離脱ポイントが確認できます）を改善したりするなどして視聴維持率を高めていきましょう。

動画5大プラットフォームは どう連携させるか

動画を投稿する主要なプラットフォームがたくさん出てきました。これらのプラットフォームはどう連携させれば効果的なのでしょうか?

結論からお伝えすると、「基本的には**各プラットフォーム内で完結させる**のが好ましく、**それぞれのプラットフォームを伸ばす**」ことが重要です。

理由をお伝えすると、ＧＡＦＡやＴｉｋＴｏｋなど世界中のＳＮＳプラットフォーマー、動画プラットフォーマーに関してはユーザーの可処分時間の奪い合いをしています。つまり、「自社のプラットフォームにずっとユーザーを留めておきたい」という思惑があります。ですからその狙いを鑑みると、下手に各プラットフォームを繋いで流動的にユーザーを移動させてしまうと、提供プラットフォーマーとしては「自社に不利な働きをするユーザー」としてＡＩ認識をし、露出を抑えられてしまう場合があるからです。

悪手としては、たとえばある10分動画の短編の動画を他のプラットフォームにアップし、「続きはこちらのＳＮＳで」などと動画の説明欄に書いてしまうことです。

一見誘導ができやすく思いますが、ユーザーは思ったほどに移行しません。わざわざクリックして他のプラットフォームにいくまでの時間が勿体無いからです。また、そういったユーザーを他プラットフォームに移行する動きをすると、ＡＩに容易に感知されてしまいます。

たとえばＴｉｋＴｏｋでは、説明欄に「続きはＹｏｕＴｕｂｅで」などの注釈等を書くと、あからさまに再生回数が落ちる「シャドウバン」と言われる現象がおきます。通常の動画投稿よりも数十分の1まで再生回数が抑えられてしまうので、注意しましょう。

では、一番良いプラットフォームの連携はどうするのが良いでしょうか。

それは、**プロフィール欄などに各種プラットフォームのリンクをさりげなく記載しておく**ことです。ここでの連携はプラットフォーマー側も容認しているケースが多く、動画での注釈で誘導のようなパターンと違いシャドウバンとなるケースは少ないです。

〝バズる〟のを目指すべきか

動画マーケティングのプロデュースやコンサルティングを行なっていると、日々大量の問い合わせやクライアントからの質問がきます。その中でかなり多い質問として「バズりたいです」とか「どうやったらバズるんですか？」という質問がきます。

「バズる」とは、動画が通常よりも大きく再生されて世の中で注目されることを指し、近年このバズるという事が注目されています。

ただし、ビジネスとして動画マーケティングを考える際は、一旦立ち止まって考える必要があります。なぜなら、不要にバズる事でビジネスの売上や集客に逆効果に働いてしまう事があるからです。

基本的には大きく2つに分けて考えると良いでしょう。

1：バズを目指して良い大衆向けコンテンツ

↓バズを積極的に狙いたい

2：ニッチに興味のある層だけを狙う骨太コンテンツ

↓バズを狙わずに深く狭く

1に関しては、エンタメ、美容、ダイエット、筋トレ、英会話、豆知識、料理、グルメなどのジャンルで、男女、老若男女問わずに対象となるコンテンツ向けです。

たとえていうならば「テレビで扱っているようなコンテンツ」です。

テレビでは、お笑いや感動コンテンツなどのエンタメや、料理番組、グルメツアーなど、視聴者の対象が広いコンテンツを扱っています。自社が扱うコンテンツが上記のようにある程度幅が広い場合は、1のジャンルでバズを狙うことはありです。

2に関しては、たとえば特定の資格、高額でニッチな商品、一般の人ではなかなか足を踏み入れにくい情報などのコンテンツです。「Webマーケティングの情報」や「投資で稼ぐ方法」「出版するノウハウ」「高級ペットの飼育方法」などは、こちらのジャンルに該当します。

ビジネスとして売上を立てていくには、バズらずともこういった情報を欲している

ニッチな層に対して深い情報を届けていくほうがあっています。

先ほどのテレビの例をあげるなら、テレビでは実はフェラーリのような高級車のCMを打つことはありません。なぜなら、購買層がニッチなため、テレビでの老若男女に対するリーチは合っていないからです。

また、逆に万が一２のジャンルにおいて、不用意にターゲットではない層に向けてバズってしまうと、購買に至らないお客さんや冷やかしなどが増えてしまい、本当に大切なお客さんが埋もれてしまう場合もあります。

単にバズれば良い、という訳ではないのです。

あおりタイトルは危険

動画プラットフォームやSNSの台頭により、PV至上主義的な考えが蔓延していることも事実です。

「炎上系ユーチューバー」のようなカテゴリが生まれ、「何をやっても注目されたもの勝ち」「再生回数を稼いだもの勝ち」的な風潮が発生していることも事実です。

しかし、ビジネスの拡大、集客としての動画プラットフォームとしてこれらの媒体を使う場合は、注意が必要です。特に**「あおりタイトル」は危険**ですので気をつけたほうがいいです。

特異なジャーナリズムなど、突っ込んだ情報提供の媒体として動画プラットフォームを使う場合はこのような「あおりタイトル」が有効な場合もありますが、そうではない場合は、再生回数を狙った安易なあおりタイトルは危険です。

特に現代はデジタルタトゥーといってネット上で拡散したことは、後に投稿者が削除

したとしてもユーザーがそれを保存している場合が多く、後から掘り起こされる場合も多く発生します。また、ストレスを抱えているアンチと呼ばれるユーザーも多く、少しのほころびを炎上の材料として取り上げようとすることもあります。

２０２２年の４月には吉野家の常務取締役企画本部長が「生娘シャブ漬け戦略」と発言した大学での講演の内容が拡散され、大炎上した事件がありました。特に企業であれば、不要な炎上は避けるべきでしょう。

炎上した時どうするか

企業やビジネスマンがＳＮＳや動画活用で恐れていること、それは「炎上したらどうしよう？」ということではないでしょうか。

前項で述べたように炎上のリスクは時代と共により大きくなっています。

しかし、ネットを活用するという時点で何かしらの炎上はつきものです。唐揚げは皆が大好きな食べ物ですが、唐揚げがとても嫌いな人も一定数います。それと同じように、全ての人に嫌われずにネット配信をできる企業などは存在しません。

そこで重要なのは、炎上した際に適切な対処法を身に付けているということです。

筆者である私自身、ＳＮＳ総フォロワーは26万人いて、今まで幾度となく炎上したことがあります。また、コンサル・プロデュースしている会社さんで炎上案件が発生することも多々あります。次の点に気をつけていれば、少なくともビジネスの売上やブランディングに影響することはあまりありません。

炎上対処の2軸

①炎上している層をリサーチする

（1）既存の顧客・ファン以外の場合

（2）既存の顧客・ファンの場合

②炎上している原因を追求する

（1）情報やリソースなどの発信自体に誤りがある場合

（2）発信内容の誤りではなく物議を醸す内容であった場合

基本的には炎上している層、炎上の内容という2つの軸から判断していきましょう。

①炎上している層をリサーチする

まず炎上している層を分析しましょう。動画のコメント欄やその動画をシェアしているSNS（Twitterなどが主に使われます）を見て、どういった層の人が反応しているかを調べましょう。

（1）既存の顧客・ファン以外の場合のみで炎上しており、既存のファンや顧客があまり反応していない場合は、単に何かに難癖をつけて燃やしたい層である場合が多く、この場合は基本的には無視し、淡々と発信していきましょう。下手に反応することによって「このアカウントはかまってくれるな」と判断され、何かと更に炎上しやすくなってしまいます。

（2）既存の顧客・ファンが怒り、炎上している場合は、発信の内容自体に問題がある可能性があります。どういった部分で炎上しているのか②炎上している原因を追求し、SNSやHP等で謝罪文などを掲載しましょう。

②炎上している原因を追求する

（1）情報やリソースなどの発信自体に誤りがある場合

この場合で炎上することは少ない印象ですが、まずは素直に謝罪しましょう。SNSやHP等で謝罪文などを掲載し、気持ちを切り替えてまた新たな投稿をしていきましょう。

（2）発信内容の誤りではなく物議を醸す内容であった場合

こちらの場合で、もし社内等で再考してやはり発信すべき内容であった場合は、一定期間（1週間ほど）投稿を控えて単に黙っておくというのも手です。

企業によっては発信すべき信念やビジョンが尖っており、社会と衝突することはやむを得ません。一旦余計な発信をせずに寝かせておくことによって、鎮まる場合がほとんどです。

重要な点は、日本では「お客さまは神様」志向が強く、企業もその風習に従ってしまい、客が炎上したらとりあえず謝る、といったスタンスが常態化してしまっていることです。

このスタンスは健全で対等な顧客リレーションシップとしては望ましくありません。欧米などでは、客と店は対等な状態で接客されることが多く、不遜な態度を取った客には厳しく接する企業も少なくありません。日本の中でも、こうした毅然とした態度でビジネスや発信をしたほうが、長期的には好ましいのではないでしょうか。

動画コンテンツの活用方法

動画コンテンツは、ただ単に一つの媒体にアップして終わりではなく、様々な活用法があります。一石二鳥という言葉がありますが、1本の動画コンテンツを調整し色々な媒体に使うことができれば一石二鳥どころではなく、一石五鳥分の効果が出てくるのです。

では、動画コンテンツにはどういった活用方法があるのかを見ていきましょう。

①Ｗｅｂ記事をつくって動画を埋め込む
②ＳＮＳとの連携でキャンペーンを展開
③リアル店舗がある場合はそれと連携

①Ｗｅｂ記事をつくって動画を埋め込む

YouTubeのコンテンツはYouTubeでしか活用できない、と思っている人が少なくありませんが、実はWeb上で相乗効果を生む使い方があります。

それは、**YouTube動画をWebサイトなどに組み込み、Web記事として活用する方法**です。せっかく作った動画をYouTubeの中だけに留めるのではなく、Webサイトの素材として、ブログやホームページでも活用していくのです。

この「YouTube×Web」のメリットとしては、「コンテンツの再利用」に加えて、「SEO効果が高い」という側面があります。

YouTube動画を組み込んだWeb記事は、そうではない記事と比較した際に、SEO効果が格段にアップします。

効果的なやり方は、次の2パターンです。

- **動画の書き起こしをして全文を掲載する**
- **動画のポイントを伝える簡易的な記事にする**

その際に、YouTubeの各動画のシーンを「画像」（静止画）として切り出し、数枚ほど記事に入れ込むと、視聴者は動画の様子がつかめて理解度も高まります。
たとえば、私がコンサルティングに携わっている業界ナンバーワンの経済メディアも、２０２１年４月から本格的にＹｏｕＴｕｂｅチャンネルを始動し、この「ＹｏｕＴｕｂｅ動画×Ｗｅｂ記事」のスタイルを開始して、ＰＶの大幅増や、新規ユーザーの獲得に繋げています。そこの編集部長が優秀でスピードが速く手数が多い、というのも大きいのでしょう。

ちなみに**動画のテキスト化は、Ｗｏｒｄにデフォルトでついているディクテーション機能（音声認識機能）を使えば、話している内容を自動で書き起こしてくれる**のでとても便利です。そこまで精度は高くないので、最後の手直しやチェックは必要になるものの、ゼロから手作業で書き起こすのにくらべたらはるかに時短になるので、試してみてください。

私がプロデュースしているチャンネルも、こうした手法で自社サイトへの流入を10倍以上アップさせることに成功しています。
そのチャンネルを運営しているのは、ボールパイソンという高級ヘビ専門のペットショップです。同店では、ＹｏｕＴｕｂｅにアップした動画の多くを自社サイトの「記事一覧」タブにまとめ、書き起こしたテキストとともに掲載・蓄積しています。内容はヘビの飼い方や病気、交配など、ヘビ専門店の顧客にとって興味深い内容ばかりです。

その結果、同店は「ボールパイソン　飼い方」「ヘビ　ペット　初心者」など２６０キーワードでＳＥＯ１位を獲得しています。Ｇｏｏｇｌｅのサーチコンソールで確認すると、ＹｏｕＴｕｂｅの埋め込みをスタートする前と後とでは、流入数が10～20倍もアップしていることがわかります。

②ＳＮＳとの連携でキャンペーンを展開

ＹｏｕＴｕｂｅとＳＮＳ連携をすることによって、様々なキャンペーンを展開することが可能です。

たとえば、ＹｏｕＴｕｂｅ動画でキャンペーンの説明をして、その告知として動画のサムネイル等をＳＮＳ（ＴｗｉｔｔｅｒやＩｎｓｔａｇｒａｍ、ＬＩＮＥなど）で投稿します。そうすると、ただのＳＮＳ投稿ではキャンペーンの内容や温度感、詳しい説明などはわかりませんが、動画をクリックして視聴することで、企業やお店のリアルな声としての説明を聞くことができます。その結果、温度感が上がり、キャンペーンの効果や売り上げなどが格段と上がっていきます。

③リアル店舗がある場合はそれと連携

リアル店舗としてお店を持っている場合は、来店促進としての動画を撮ることも有益です。

重要なことは、毎回発信する内容がお店誘導コンテンツだといけませんが、10本に1本くらいの温度感であればユーザーは「いつも興味深い動画を発信してくれているお店だから宣伝要素があっても大丈夫」と思ってくれます。

たとえば「初めての方来店キャンペーン先着10名」などの動画を投稿してあげれば、普段は視聴者としてのみ見ていたお客さんが、その動画をきっかけにお店に来てくれます。

ポイントとしては、できるだけお店にいる店長や店員さんの顔を見せてあげることです。人は初めていく場所の「人」がどういった雰囲気なのかを一番重視するので、人感を出してあげることが、お店への来客を高める上で大切です。

商品カテゴリ別――最適な動画配信プラン

商品カテゴリ毎に最適な動画配信プランを並べてみます。

基本的には、Ｉｎｓｔａｇｒａｍは元々ビジュアルで魅せる世界観から始まっているので、美容やファッションなど、ビジュアルが強い商品に向いています。

また、ＴｉｋＴｏｋで発信した動画コンテンツは、同じくＹｏｕＴｕｂｅショート用に調整し、配信してあげると効果が高いです。

ニッチ・高単価の商品、無形商品・サービスに関しては、ユーザーの教育が必要なため、ＴｉｋＴｏｋやＹｏｕＴｕｂｅショートなどの短尺よりも、ＹｏｕＴｕｂｅ横動画の長尺できっちり伝えていくことのほうが、長期的な集客や売上を考える際には重要です。

TikTok

最大 3 分以内の動画を投稿できます。1 本目からバズりやすい、老若男女誰でも理解できて楽しめるコンテンツが向いています。

YouTube ショート

最大 60 秒以内の動画を投稿できる機能で、YouTube が TikTok を追おうとかなり力を入れている配信形態です。

YouTube 横動画

通常の長尺の YouTube 動画です。初期であれば 8 ～ 10 分以内のサクッと視聴できる動画がおすすめです。

動画配信のプラットフォームと機能

Instagram リール

最大 90 秒以内の動画を投稿できる配信形態です。投稿としてタイムラインに残ります。

Instagram ストーリーズ

最大 60 秒以内の動画を投稿できる機能で、24 時間以内に消える縦動画をアップできます。投稿が残らないので気軽にコミュニケーションが取れる点がおすすめです。

不動産・物件

↓

TikTok、YouTube ショート、
YouTube 横動画

ニッチ・高単価商品

↓

YouTube 横動画

無形商品・サービス

↓

YouTube 横動画

一般消耗品

↓

TikTok、YouTube ショート

嗜好品

↓

Instagram リール・ストーリー、TikTok、
YouTube ショート

美容系商品

↓

Instagram リール・ストーリー、TikTok、
YouTube ショート、YouTube 横動画

ファッション

↓

Instagram リール・ストーリー、YouTube、
YouTube ショート、YouTube 横動画

飲食商品

↓

TikTok、YouTube ショート、
YouTube 横動画

ホテル・旅行

↓

TikTok、YouTube ショート

ライブコマースの敷居は限りなく低くなった

動画をマーケティングに活用する上で今アツいのが、ライブコマースです。

ライブコマースとは「オンライン販売（ＥＣサイト）」と「ライブ配信」を組み合わせた販売形態のことです。消費者がリアルタイムで商品に対する質問やコメントをしたり、販売者がそれに答えたりして、双方向でコミュニケーションをとりながら買い物、販売ができます。

日本でも、三越伊勢丹、ユニクロ、ＢＥＡＭＳ、ファンケル、無印良品、イオン、ビックカメラなど、名だたる大企業がライブコマースを活用しており、新たな販売チャネルを形成しています。

時代背景としては、スマホの普及でカメラを使って手軽に動画を撮影する人も増え、５Ｇの到来など、動画のアップロードと閲覧が自由に行える環境が整いつつあります。

また、ＴｉｋＴｏｋ、Ｉｎｓｔａｇｒａｍ、メルカリ、ＳＨＯＷＲＯＯＭなど様々なプラットフォームが参入し非常に勢いがあります。

一昔前までは、オンライン上での買い物と言えば

「商品の質感がわからない」

「サイズがわからない」

「どういう企業が売っているのかわからない」

といったブラックボックスな部分もあったのですが、**ライブコマースによって、「より精度の高いお買い物体験」を届けることが可能になった**のです。

お客さん側としては、静止画やテキストだけでは感じられなかった商品の使用感や手触り、企業の中の人などもわかりやすく、詳しい情報を得られます。

第1章でもお伝えしましたが、ライブコマースが大ブームなのは中国です。中国では、屋台のおばちゃんがライブコマースをするほど、浸透している上、1ライブで49億円を売り上げるインフルエンサーも登場しているレベルです。

デロイトの統計データによると、２０１８年時点での中国におけるライブコマース市場は約44億ドル。前年に比べ、１３２％の成長を記録、そして推定される視聴者の数は

４億５６００万人で、毎日４０００以上のアカウントが15万時間以上のコンテンツを配信しています。

中国ライブコマースの主な目的は、販売商品のＰＲです。特にライブ配信しているのは、インフルエンサーと呼ばれる人たちで、ＳＮＳで著名なタレントと言えばわかりやすいでしょうか。中国で最も使用されているＥＣプラットフォームの淘宝（タオバオ）も、ライブコマースを導入しており、60万以上のアイテムがライブコマースで購入可能です。中国国内のライブコマースのうち、最も売れ筋のカテゴリはファッション・美容関連、生鮮食品などのジャンルです。

日本でのライブコマースは、２０１７年頃からやっと〝ライブコマース〟という言葉が浸透し始めた程度ですから、まだまだブルーオーシャン（未開拓）の市場です。

●個人で実際に始めてみたいと思った人へ

ライブコマースで商品やサービスを売るための利点は、テキストや画像だけのコンテンツよりも商品のイメージや使用感が伝わりやすい点です。

ライブコマースは文字通りリアルタイムでの動画のため、ＨＰやブログ、ＥＣサイト等のテキストや画像よりも情報量が圧倒的に多く、より詳細に情報を提供することができます。

ＥＣサイトやブログに掲載されているテキストや画像だけのコンテンツの場合、いくら商品を魅力的に見せようと思っても限界があります。

一方、ライブコマースは動画でユーザーに商品の魅力を伝える手法ですので、テキストや画像の何倍もの情報を伝えることができます。また、それらの情報よりもイメージや使用感が伝わりやすくなり、ユーザーの購買意欲が増します。

また、ライブコマース中はチャットの機能や口頭での質問返しを通してユーザーとリアルタイムにやりとりできます。

活用方法はさまざまありますが「ユーザーに商品の気になる部分などを質問してもらい、その場で回答したり商品を見せる」といったかたちで利用するのがおすすめです。

その他のコンテンツの種類としては、商品のデモンストレーションや紹介動画、レビュー、クイズなど様々なタイプを選択すると良いでしょう。

ユーザーは不明点や疑問点があると商品やサービスの購入を保留してしまいがちですが、リアルタイムで不明点や疑問点を解決してあげることで、その場での購入の後押しができるようになるわけです。

さらに、ユーザーと積極的にコミュニケーションを図ってファンになってもらえれば、「この人から商品を購入したい」と思ってもらえるようにもなるため、ライブコマースはとても注目されています。

●プラットフォーム

ライブ配信には、YouTube、Instagram、TikTokなどの大手SNSプラットフォームや、ShopifyやWooCommerceなどのECサイトがあります。自分のビジネスに合ったプラットフォームを選びましょう。YouTubeやTikTokショートは大衆向けの商品やサービス、Instagramは動画映えする商品やサービスなどとの相性が良いです。

最後に重要な注意点をお伝えすると、「何でもライブ配信で宣伝しようとしない」ことです。企業系のアカウントにありがちですが**「ライブ配信＝実演販売」ではない**ということを抑えておきましょう。そうではなく、**単純にファンとリアルタイムでコミュニケーションをとったり、ためになる情報を発信するということも大切なライブ配信です。**そうすることで、直接その場では売上や集客には繋がらないかもしれませんが、ファン化や何かのタイミングでの購買率を高めることにつながります。

●参入方法や成功させるポイント

まず、重要な点は「ライブコマースから先にはじめない」という点です。これはどういうことかと言うと、ライブコマースをいきなり始めたところで、フォロワー数や流入してくれるユーザーがほぼいないので「まずは通常のアカウントでフォロワーを集めてから始めよう」ということです。

例えばＹｏｕＴｕｂｅの動画や、ＴｉｋＴｏｋ、Ｉｎｓｔａｇｒａｍのリールなど、最初は動画で多くの人にリーチし、フォロワーを増やしたタイミングでライブコマースをスタートするのがおすすめです。目安としては、最低でも１０００人のフォロワーがついた後で、ライブの時間帯などにもよりますが、フォロワーのうち、実際にライブ配信を見に来てくれる割合は0・1％～2％ほどが相場です。

これは、その人のフォロワーがどれだけ「ファン化」されているかにもよって左右されてきますが、このくらいの相場と考えておきましょう。

●大企業だけではない！　個人・自営業でのすすめ

大手企業だからこそライブ配信に参入し、成功できていると思う方もいるかもしれませんが、動画の世界は大手企業だからファンがつくわけではありません。無名の個人であってもファンがつくのが動画の世界のおもしろいところ。

実際にライブコマースで成功している個人・自営の方もたくさんいます。役立つ情報を届けつつ、実際に使用しているもの、プロデュースしているものなどは自然な流れで販売へとつなげることができるでしょう。

ライブコマース成功事例①

YouTube　岩崎泰三 -Coffee Journalist Taizo Iwasaki -

https://www.youtube.com/@taizocoffee/videos

ライブ配信では、コーヒーの淹れ方や焙煎中継、音楽とコーヒーのお話など、視聴者も観ていてタメになる情報をお届けし、商品紹介などをしても自然な流れで売上につなげています。

ライブコマース成功事例②

Instagram まこち

https://www.instagram.com/mako_x_x_x/?hl=ja

インフルエンサーのまこちさんは、ご自身のファッションブランドのお披露目をInstagram 等をはじめとした各種SNSで展開。ご本人の「ついに夢が叶いました！」という感情を全面にライブでフォロワーに伝えることにより、しっかりとした購買につなげています。

第4章

一度つくれば半永久機関!?「売れる生態系」をつくる方法

動画は〝続けること〟が一番難しい

ＹｏｕＴｕｂｅやＴｉｋＴｏｋ、Ｉｎｓｔａｇｒａｍなどの動画マーケティングで一番難しいことはなんでしょうか。

ネタ作り、動画撮影、編集、デザインでしょうか。

もちろんそれらも非常に重要で難しいことですが、私が今まで２００社以上、累計３９１万フォロワー以上のアカウントをプロデュース、コンサルティングしていて一番感じる**〝難しい〟ポイントは「続けること」**です。

「なんだそんな簡単なことか」と思われるかもしれませんが、実はどの企業やビジネスマン、インフルエンサーにしても、この「続けること」に挫折してしまうケースが多いです。私の体感値では、１年間動画をコンスタントにアップできるアカウントは、たったの１％にすぎません。

「他に優先順位があることができた」

「なんとなく腰が重い」
「また明日にしよう」
と動画をアップすることが減り、やめてしまうのです。

逆に言うと、**1年間でも継続して動画をアップし続けるだけで上位1%になる**ということです。

とにかく**最初の1年間は何があっても「続ける」ことに命をかけましょう。**

では、動画アップを続けるためにとても重要なポイントをいくつか挙げていきます。

〜動画アップを続ける4ヵ条〜

①クオリティは40%でいい
②「アップすること」だけが目的になってもよい
③撮影・アップ曜日を固定する
④最低本数を死守する

①クオリティは40％でいい

多くのアカウントはこのポイントでつまずいてしまいます。最初から１００％のクオリティを求めるのはまず無理ですし、最初ほど結果は出ません。このため、最初にクオリティにこだわりすぎると「あんなにリソースをかけてしっかり作ったのに動画が伸びない」と失望のほうが強いです。

最初、動画は伸びません。

これは少年野球をたとえにしてみるとわかりやすいと思います。いきなりバッターボックスに立って、ヒットやホームランが出るでしょうか。出ませんよね。まずはバッターボックスに立つこと、失敗や空振りの経験値やリアルな肌感覚をもつことが重要です。

②「アップすること」だけが目的になってもよい

人間なので「どうしてもアップしたくない」「めんどくさい」と思うことは誰でもあります。私の動画系ＳＮＳも今では総フォロワー26万人を超えてきましたし、ＹｏｕＴｕ ｂｅチャンネルでは年間１１０３万人が視聴するようになりました。しかし、最初は動画をアップするのが苦痛でしかなかったです。

はじめの期間は「これは素振りだ」と思い、動画を伸ばすことやバズる動画などを考えずに、ただひたすらに「アップすること」だけを目標にしたことがありました。

ただ、それで良いのです。動画をアップする感覚やフロー、それがアップする毎にどんどん磨かれていくので、次の動画を撮影し編集するまでが非常にスムーズになります。動画がアップできなくなったら「まずはアップするだけを目標」にしましょう。やらないよりは１００倍マシです。

③撮影・アップ曜日を固定する

これは企業でやる場合、ビジネスマンがやる場合は特に意識しましょう。

動画はルーティンにすることが重要です。

なぜなら、動画は新規で始める場合が多く、色々な企業の裏側のケースを見ていると「そんな新しい動画なんてやらずに既存の仕事をちゃんとやってよ」という風潮になりやすいからです。

とある誰もが知っているメディア企業のＹｏｕＴｕｂｅチャンネルのプロデュース・コ

ンサル案件でのことです。その企業は旧来の日系企業でした。YouTubeチャンネルは、感度の高い社員さんがいて始めたのですが、上層部の役員などの圧力があり「動画なんてやってないで既存のメディアの数字を上げろ」となり、動画のアップは後回しになってしまったケースがありました。

やはり、新しいことはルール化、ルーティン化しないと定着しないのです。

このような事を防ぐためにも、また後回しにしないためにも「1か月に何本・何曜日にアップするか」を決めること。決めた以上は死守しましょう。

④最低本数を死守する

こちらも重要な点ですが「ダメダメで絶対に調子が悪い時でも、最低でもこの本数だけアップできればＯＫ」というデッドラインを決めておくと良いです。

何よりも重要なのは継続する事なので、やめるくらいなら１か月に３本になったとしても続けるというスタンスが重要です。

設定としては甘く感じるかもしれませんが、実際にこれでも続けていくのが難しい人もいるかもしれません。自分で続けられるポイントまで下げ、ぜひ１年を目標に続けてみてください。

継続は力なり！

塵も積もれば山となる！

年商3倍も夢じゃない！売れる仕組みはこうつくる

ＹｏｕＴｕｂｅやＴｉｋＴｏｋ、ＳＮＳなどの動画媒体で発信するにあたり、企業やビジネスマンの方が一番求めることはなんでしょうか。

もちろん再生数や登録者数、フォロワーの数というのは伸ばしていきたいと思います。しかし、やはり商売をやる上で一番抑えていかなければならない指標は「売上」ではないでしょうか。

いくら再生数やフォロワー数が伸びたとしても、自社の売上に直結しなければそれはあまり意味がありません。もちろん、別の目的や認知度向上を目的としたチャンネルであれば売上を求める必要はありませんが、チャンネル運用にも相応のリソースとコストがかかっています。売上に直結するのであれば越したことはないでしょう。

では、具体的に何をどう発信すれば、動画の視聴者に自社の商品・サービスを買ってもらうことができるのでしょうか？

消費者が商品の存在を知り、購入を決断するまでには「認知」→「興味・関心」→「比較・検討」→「購入・申込」という段階をたどります。

つまり「認知していないもの」や「興味・関心がないもの」は、購入どころか比較・検討にすらあがらないので、まずは商品や会社を「認知」してもらい「興味・関心」を持ってもらう必要があります。

動画媒体・ＳＮＳに関しては、購入プロセスの入口である「認知」「興味・関心」をとりにいくのに非常に適した媒体なので、まずはそこを意識したテーマを設定しましょう。間違っても、**いきなり商品の紹介からスタートしてはいけません**。認知していない、興味・関心がない商品の宣伝動画など、誰も見たいとは思わないからです。

また、ＳＮＳにはもう一つ「ザイオンス効果」を醸成しやすいという特長があります。ザイオンス効果とは、接触した回数が多ければ多いほど、相手に親近感や好感を持つようになるという心理学的傾向のことをいいます。たとえばハンバーガーのＣＭを何度も見ていると、小腹が空いた時に「ハンバーガーでも食べよう」という気分になりやすいというようなことです。

商品が売れる仕組み

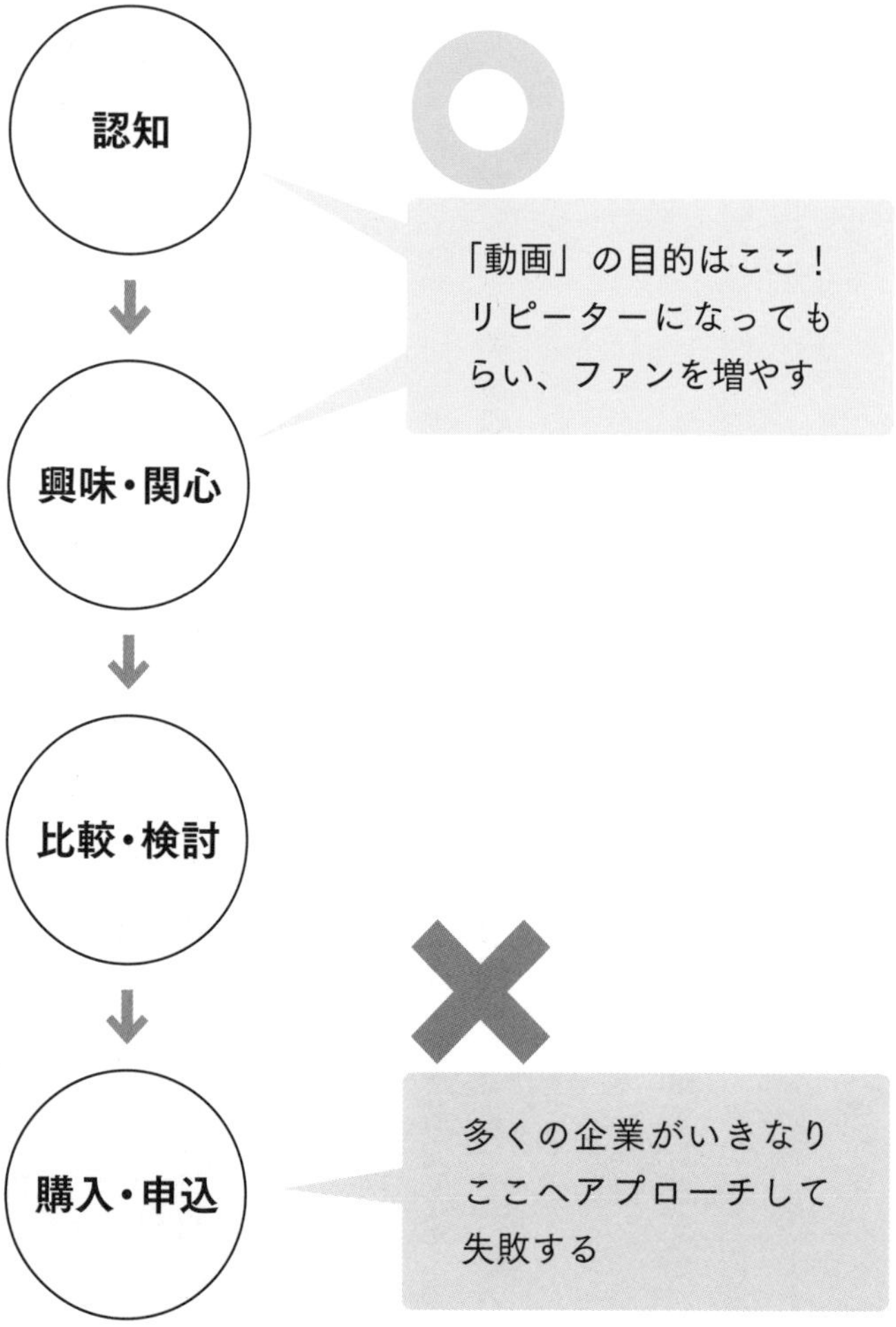
認知
興味・関心
比較・検討
購入・申込
「動画」の目的はここ！
リピーターになってもらい、ファンを増やす
多くの企業がいきなりここへアプローチして失敗する

ですから企業がビジネス目的でＹｏｕＴｕｂｅを活用しようと思ったら、まずは多くの人が興味を持ってくれそうなコンテンツを定期的に発信し、リピーターになってもらう。そうやって「認知」と「興味・関心」を広め、定期的な接触（視聴）でザイオンス効果を育んだ上で、はじめて商品をアピールするのです。

その工程をすっ飛ばしていきなり「購入・申込」を促す動画を配信するのは、出会った初日にプロポーズをして結婚を申し込むようなものです。そんな人がいたら、ちょっとひいてしまいますよね。

ところがＹｏｕＴｕｂｅに進出する企業の９割は、いきなり「結婚してください！」とプロポーズして玉砕しています。それも、まじめな社員が、まじめにビジネスをしている会社ほど、このパターンで失敗してしまうケースが多いです。

おそらくは社内会議で、

「動画マーケが流行っているようだからうちもやってみよう」

「では手始めに自社の商品をわかりやすく紹介してみますか」

などという流れになったのでしょう。誰も知らない自社オリジナル商品の特徴や、使い方を説明するだけの宣伝動画を１本目から配信してしまうというやり方では、たとえ動画を毎日アップしても購入・申込など1件も望めません。

大前提として、ＳＮＳの視聴者はあなたの会社や商品にはまったく興味がないと思ってください。そんな視聴者の関心を惹くためには、**商品を売ろうという下心はいったん忘れて、大衆ウケする汎用的なコンテンツを発信**せねばなりません。

営業の世界ではよく「商品を売る前に自分を売れ」といいますが、ＹｏｕＴｕｂｅでも同じように、**商品を売る前にチャンネルを売り込んで、チャンネルに対する興味・関心を高めてもらう必要がある**のです。

「この人（会社）の情報は信用できそうだ」

「勉強になったから、ほかの動画も観てみよう」

と繰り返しチャンネルを訪問することで、ザイオンス効果も培われていきます。

そのタイミングで「宣伝」を投下するのです。すでに信頼と親近感という土壌ができあがっているからこそ、視聴者は宣伝動画にも拒否反応を示すことなく受け入れてくれるはずです。

宣伝は、動画10～20本につき1本くらいの割合がいいでしょう。それより多いと「このチャンネルは宣伝ばかりでつまらないな」と敬遠されるし、かといって少なすぎても集客効果が見込めません。

こうした動画マーケティングを活用することで「売上が3倍アップしました！」というクライアントもザラにいます。また、ファンが増えれば宣伝などなくても販売サイトを見てくれたり、サービスを利用してみようかなと思ってみてくれるようになります。

売り込むのは〝商品〟の前に〝自分〟であることを忘れないようにしましょう！

重要なのは再生数？　平均視聴時間？
効果測定のやり方

動画マーケティングにおいて重要な指標はなんでしょうか？　再生数でしょうか？　平均視聴時間でしょうか？　効果的な効果測定の方法をお伝えします。

TikTokやInstagramのショート動画

平均視聴時間

ユーザーが動画コンテンツ等を視聴した際の平均時間です。

アプリ側としてはユーザーがアプリ内に長くとどまってほしいので、当然**平均視聴時間が長いほうが、価値のあるコンテンツとしてＡＩに判断されます。**

視聴維持率

ショート動画の指標として、動画の尺に対する視聴時間の割合です。

どのくらい視聴をするために止まってくれたかの指標になります。

たとえば、1分の尺のＴｉｋＴｏｋ動画に対して平均視聴時間が36秒の場合は、視聴維持率は60%ということになります。

これがつまらないコンテンツだと、すぐにユーザーは離脱してしまいます。魅力的なコンテンツを作って、視聴者維持率を上げていく工夫が必要です。

目指すは指標としては、**視聴維持率60%以上**です。

動画フル視聴（視聴完了率）の攻略

近年各媒体が重視している指標として、「視聴完了率」があります。動画の平均視聴完了率、つまり平均的な視聴者の再生時間が、動画全体の時間に占める割合の高い動画は、特におすすめに表示される傾向が高くなります。

目指す視聴完了率は30%を超えられると、指標的にはかなり高いパフォーマンスが見込めます。**視聴完了率を上げていくと、アルゴリズム上優位にランク付けされる**からです。

平均視聴時間と視聴維持率、動画をフル視聴（視聴完了率）はほぼ相関的な関係にあります、次のポイントを踏まえて動画を撮ることができれば、どちらの指標も格段に良くなっていきます。

①テンポと展開を小刻みに（1秒に1回は効果音か画面切り替えを入れる）
②長尺の横動画に縦の上下にテキストを入れ、飽きさせないようにする
③オチを最後に持ってくる構成にする
④気づいたら繰り返し見てしまっているループ動画にする
⑤何度も見返してやっと分かる動画にする

YouTube

最初のうちは**一人でも多くのリピーター獲得**をめざしましょう。

リピーターがなぜ重要かというと、新しく動画を投稿した時、リピーターのタイムラインにサムネイルが表示されやすくなるからです。

さらにリピーターがそのサムネをクリックし、一定以上の視聴維持率で視聴してくれ

ると、今度はそのリピーターと同じような属性のユーザーの「おすすめ動画」や「関連動画」に載せてもらえるようになります。

YouTubeでは、既存のリピーターを楽しませる動画を作っているチャンネルを高く評価し、優遇するアルゴリズムを採用しているのです。

効果測定のやり方としては、YouTubeの管理画面「YouTube studio」の中のアナリティクス〈視聴者〉リピーターの指標から確認しましょう。**リピーターと新規視聴者の割合が3：1以上になっていれば、しっかりとファンがついている証**ですから、たとえ再生回数や登録者数が少なかったとしても、自信をもって今の路線を突き進んでください。

反対にリピーターの割合が3：1以下の場合は、リピーター獲得に向けて戦略を見直す必要があるでしょう。リピーターを増やす一番の近道は、現在進行形でバズっているネタや、これから流行しそうなジャンルなど、ボリュームのあるゾーンを狙っていくことです。

リピーター獲得のために重要なポイントは次の通りです。

①人間味を出す走り出し（ツッコミや近況、最近の失敗談など感情移入できるシーンを入れる）

②権威性を出すのではなく、面白いお姉さんお兄さん

③次回が気になるような動画構成

チャンネル登録者数、フォロワーを増やす方法

チャンネル登録者数、フォロワーを増やす方法について説明します。その前にフォローをしてくれるユーザー、お客様を増やすメリットについてお伝えします。

①権威性
②バンドワゴン効果
③コンバージョンアップ

①権威性

まず登録者が増えると権威性が出ます。10人のフォロワーのアカウントと、10万人のフォロワーのアカウントが発信する情報は、どちらが面白そうで信頼性がありそうでしょうか。

確実に10万人のアカウントです。

②バンドワゴン効果

マーケティング用語として「バンドワゴン効果」というものがあります。これは勝馬に乗りたい、人気のものに乗っかりたいという人間の心理です。フォロワーが増えると、さらにフォロワーが増えていくという上昇気流に乗ることができます。

③コンバージョンアップ

フォロワーが多いほうが、商品やサービスの購入へのコンバージョンが高いです。こちらは権威性やバンドワゴンも相まって、何か商品やサービスを購入する際のコンバージョンが高まる傾向にあります。

いかがでしょうか。

では登録者数、フォロワーを増やす方法は何でしょうか。

まずは、下記動画の要素を含んだ動画を作ること、良質な動画を作ること、これが重要です。

①また見る必要性のある動画を発信している（ノウハウ系などは特に）

②ひと目で何のチャンネルかわかるテーマがまとまっている
③動画の最後に登録を促すアクションが入っている

①また見る必要性やまた見たい動画を発信している（ノウハウ系などは特に）

動画を見た際に「なんとなく面白いな」という動画に対しては、チャンネル登録者やフォロワーは増えません。「また見たい」という要素が必要です。

②ひと目で何のチャンネルかわかるテーマがまとまっている

個人のｖｌｏｇがあり、ノウハウがあり、エンタメがあり、と何でも屋さんのアカウントは登録されません。

たとえばフードコートと専門店を思い浮かべてみましょう。

「美味しいラーメンが食べたい」という時にフードコートを思い浮かべますでしょうか。そうではなく「豚骨専門のラーメン屋さん」が思い出されるはずです。

ＳＮＳのアカウントに関しても、専門店であるということが「また行きたい」すなわち「また動画を見るために登録しておきたい」という心理になります。

③動画の最後に登録を促すアクションが入っている

動画を見て面白かった、有益になったと視聴者が感じた際に、何もアクションを入れなくてもチャンネルの「登録」や「フォロー」につながることがあります。

しかし、意外と視聴者は登録のアクションを言われないと思い出さないケースが多く、動画の最後に「登録」や「Subscribe」などのボタンなどを一瞬（1～3秒）入れてあげると、登録やフォローをしてくれます。

動画マーケティングの成功事例12選

実際に動画マーケティングでの集客に成功している、おすすめアカウントを紹介していきます。

話し方や表情、テーマの選び方など参考になるものばかりです。各プラットフォームごとに紹介していきますので、動画研究としてぜひ活用してみてください。行き詰った時にもヒントになると思います。

動画マーケティング成功事例①

YouTube 中華一筋

チャンネル登録者数・65.3 万人

https://www.youtube.com/@chukahitosuzi

プロの中華料理人が、本格的な中華料理やオリジナルのまかない料理を作る過程を配信するチャンネルです。
「食」は YouTube の人気ジャンルではありますが、その中でも同チャンネルが伸びているのは、演者たちが魅力的だからでしょう。
中華一筋には、宣伝目的の動画はほとんどありません。その代わり概要欄にリンクを貼り、自社製品を販売する EC サイトに誘導しています。

動画マーケティング成功事例②

YouTube 感激安心のお花屋さん　ゲキハナ（古屋悟司）

チャンネル登録者数・17.6万人

https://www.youtube.com/@gekihana

リアルとネットの両方で「感激安心のお花屋さん　ゲキハナ」という生花店を展開している古屋悟司社長のチャンネルです。

コンテンツはすべて園芸ネタで季節の花の育て方をはじめ、土作りや虫よけの極意、無農薬などをテーマに、実際に作業をしながら10分ほどノウハウを解説し、最後の30秒～1分で通販や著書の宣伝をする構成になっています。内容はためになるし、古屋社長の話し方も親しみやすく、安心して視聴できるチャンネルという印象です。最初はノウハウを知りたくてここにたどり着いた方も、視聴するうちにザイオンス効果で古屋社長のファンになり、いざ「〇〇の苗が欲しい」となった時「ゲキハナで買ってみようかな」と考えるようになるのでしょう。

動画マーケティング成功事例③

YouTube　ストレッチ整体師とも先生

チャンネル登録者数・23万人

https://www.youtube.com/@seitaitomo

ストレッチ整体師とも先生は､「寝る前5分やるだけで老化予防」「腰痛治し方ストレッチ」など目的がわかりやすく、キャッチ―な言葉をうまく取り入れたサムネイルに実践しやすい方法と体への効果が人気で、100万回以上視聴されているものもあるほど！　自社のストレッチの集客やオリジナルグッズ、書籍の販売につなげています。

動画マーケティング成功事例④

YouTube あい先生｜リンパ師

チャンネル登録者数・73 万人

https://www.youtube.com/@aiai

リンパを流す自分でできる施術がわかりやすく、効果も感じられるとのことから登録者数は 73 万人！　実際に施術を受けてみたいという気にさせてくれるつくりで、書籍の販売など、自サービス・商品にもつなげています。

動画マーケティング成功事例⑤

YouTube もえぞう・ダイエット専門管理栄養士

チャンネル登録者数・36 万人

https://www.youtube.com/@moezo_diet/videos

40・50 代の女性へ食べ痩せの方法を提案しているもえぞう先生のチャンネル。「体脂肪を落とすコンビニ食 TOP10」「90%の人が食べてる太る朝食 5 選」などランキングをうまく取り入れ、200 万回近く視聴されているものも。情報発信から、自社のサービスにつなげています。

動画マーケティング成功事例⑥

YouTube 高野秀敏のベンチャー転職 ch

チャンネル登録者数・1.2 万人

https://www.youtube.com/@keyplayers

１万人以上のキャリア相談、3500 人以上の経営者の経営や採用の相談に乗ってきた経験を活かし、転職に関する情報を配信。特に「転職の闇漫画」が人気。転職相談のライブ配信などもしており、「高野さんに転職面談をしてもらいたい！」という方が全国から殺到しています。

動画マーケティング成功事例⑦

TikTok　RoomPa のお姉さん

チャンネル登録者数・10 万人
https://www.tiktok.com/@amufi_roompa

不動産仲介サービスの女性スタッフのアカウントです。2020 年 10 月に動画の投稿をスタートし、現在のフォロワーは 10 万人。気軽にフランクに空き物件の情報をアップしています。動画の最後やハッシュタグ等で自社サービス「RoomPa」につなげていて、かなりの広告・集客効果になっています。

動画マーケティング成功事例⑧

TikTok ロート製薬【公式】

チャンネル登録者数・7.9万人
https://www.tiktok.com/@rohtotiktok

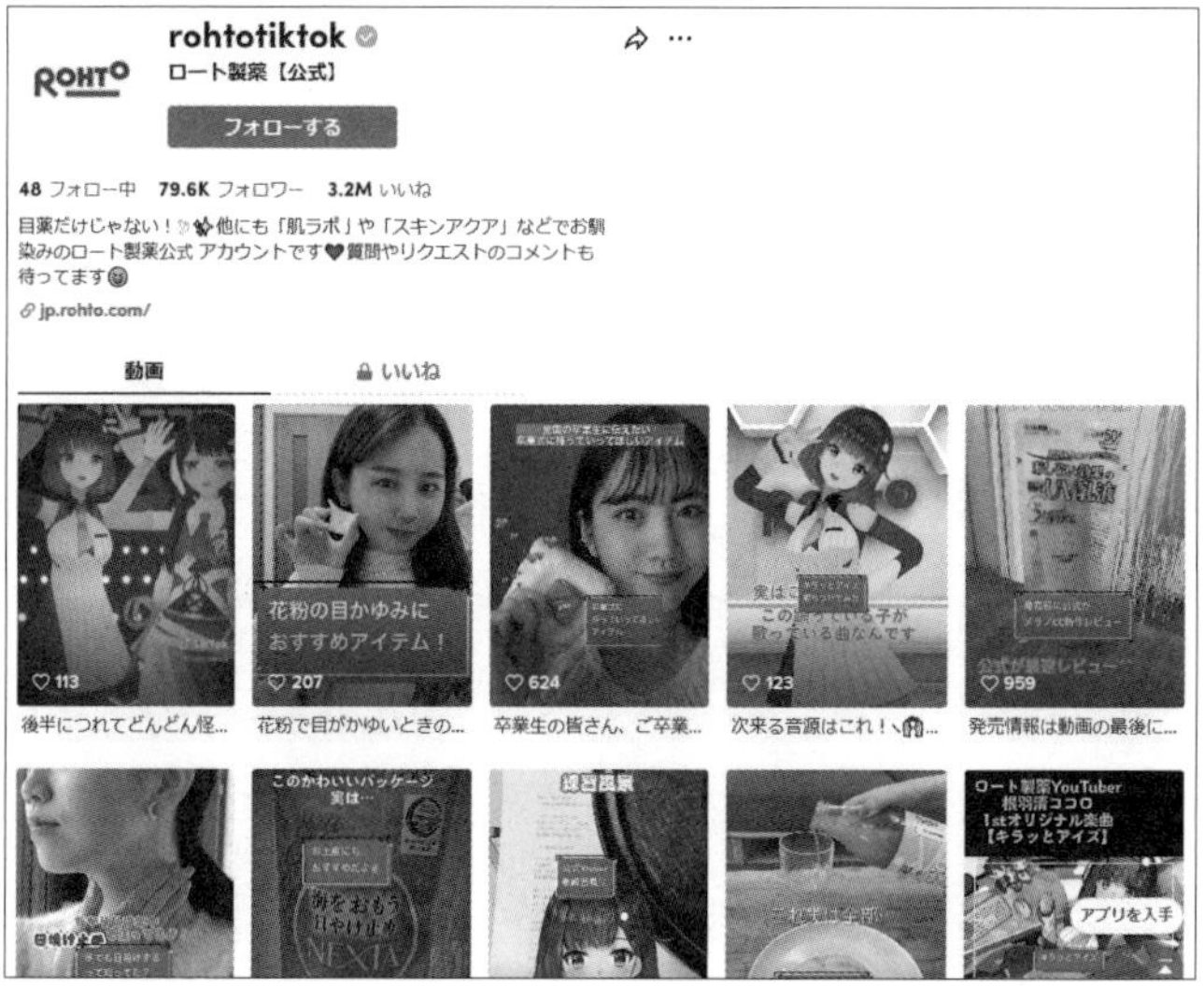

7万人以上のフォロワーを誇るロート製薬の公式アカウントの投稿は、商品をメインに扱いつつも、宣伝を感じさせない遊び心あふれる切り口が特徴的。女性社員が恋をする男性を目薬に喩えた動画は260万再生のヒットになりました。
関係者によると、今はCMよりもコスパが良いため、月に数百万円の予算をTikTokに投じているとのことです。

動画マーケティング成功事例⑨

TikTok　NARIKIYO【美容師】TikTok

チャンネル登録者数・10 万人
https://www.tiktok.com/@_narikiyo

フリーの美容師さんのアカウントで、2021 年 2 月に初の動画を投稿し、現在のフォロワー数は 10 万人です。主に施術のビフォーアフターの動画をアップしており、「ぜひ NARIKIYO さんに切ってもらいたい!」と集客につながっています。TikTok で見た髪型をカットの際のサンプルとして見せられることも多いようです。

動画マーケティング成功事例⑩

TikTok 鳥羽ビューホテル花真珠

チャンネル登録者数・10万人
https://www.tiktok.com/@tobaview

三重県の鳥羽市にある温泉旅館ですが、最初に投稿したスタッフ３人によるダンス動画が290万再生のヒットに。開始からわずか１年ほどでフォロワーが10万人を突破しました。「TikTokを見て」というお客さんの予約があとを断たなくなったようです。

動画マーケティング成功事例⑪

Instagram 北欧、暮らしの道具店

チャンネル登録者数・127 万人

https://www.instagram.com/hokuoh_kurashi/

EC 事業や雑貨企画販売事業を展開している、株式会社クラシコムが運用しているインスタアカウントです。

北欧、暮らしの道具店のアカウントは、おしゃれな余白を残した白を基調とした投稿が中心となっています。投稿内容も雑誌のように詳しく品のある内容で世界観を上手く作り上げることに成功しています。リールの動画内容もそのような世界観を持ちながら投稿しているため、数十万再生がアベレージとなっています。

動画マーケティング成功事例⑫

Instagram ファンケル

チャンネル登録者数・4.2 万人
https://www.instagram.com/fancl_official/

自社の商品紹介で、くどい広告感がなく成功しているアカウントです。ショート動画にあたるリール投稿では、おしゃれなフォントと編集で商品紹介を実際に使用しながら行うことで、より多くの情報をユーザーに与えられるようにしています。
化粧品やスキンケア商品は、使用感が伝わりづらいという一面があります。肌に悩みを持ったユーザーが多い、こういったジャンルに関しては実際の使用感を載せることでユーザーにとって有益なコンテンツにすることができ、購買に繋がっていきます。

広告収益を目指すべき場合、目指すべきでない場合

動画を発信していると「広告収益ってもらえるのかな？」という部分はやはり気になるのではないでしょうか。動画を集客やPRのために用いている会社やビジネスマンであっても「もらえるものはもらいたい」と思うのが本音でしょう。

では、広告収益を目指すべき場合、目指すべきでない場合のそれぞれの方向性や戦略についてお伝えします。

広告収益を目指すべき場合

エンド商品や自社商品がなく、大衆に届けるようなテーマの場合は広告収益を目指しても良いです。たとえばグルメや健康、美容、ファッションなど、老若男女誰でもが普段から触れているジャンルのテーマは、多くの人におすすめや関連動画などでリーチしやすく、再生回数が回ります。つまり、より再生回数が回っていく傾向にあるジャンルなので、広告収益を目指しても良いでしょう。

目指すべきでない場合

エンド商品や自社商品があり、明確でニッチな顧客層が決まっている場合は、逆に広告収益はあまり望めません。

そうではなく、動画で長く視聴者にリーチすることによってザイオンス効果として視聴者の心に残り、信頼が積み重なります。結果、エンド商品や自社商品が売れていきます。大衆向けではなく、購買層が明確に決まっている場合は、逆に広告収益を狙って再生回数を上げに行こうとすると属性がブレてしまい、購買に繋がらないライトな層を取り込んでしまうことになるので注意しましょう。

広告収益以外にどんなマネタイズがあるか

動画の広告収益以外でマネタイズする方法は、広告と本業への集客だけではありません。あなたのSNSアカウントが軌道に乗り、それなりのレベルに達したと感じたなら、次はそのノウハウをもとに新事業を立ち上げることも考えてみてください。

たとえばラーメン屋さんがYouTubeチャンネルを立ち上げ、それなりに集客できるようになってきたら、その経験と知識を同業他社に向けて横展開するというように。

具体的には、次のような事業が考えられます。

●SNS動画マーケティングセミナー事業

セミナー講師には、特別な資格は必要ありません。Zoomを使ったオンラインセミナーなら経費もほとんどかからないので、もっとも気軽に挑戦できる横展開ビジネスといえます。

話す内容は、実際に自分のお店が行ってきた動画を使って集客する方法や、注意点、チャンネルを軌道に乗せるための運用テクニックなど、あなたが本書で学び実践してきたことをそのまま伝えるだけで十分にコンテンツとして成立します。Ｚｏｏｍセミナーだけではなく、地元の商工会議所などを借りて対面セミナーとして開催することも可能です。

●動画コンサルティング事業

これからＳＮＳで動画発信をしていこうという中小企業を対象にコンサルティングを行うのもいいでしょう。

セミナーが複数名の個人を対象とするのに対して、こちらはクライアント企業に対して一対一でコンサルティングを行います。「どのようなテーマのチャンネルにするか」「編集者はどうやって探すか」「マネタイズや集客の戦略」など、事業内容をふまえた具体的なアドバイスを行うほか、場合によってはエンド商品の企画なども含めてトータルでプロデュースしていきます。

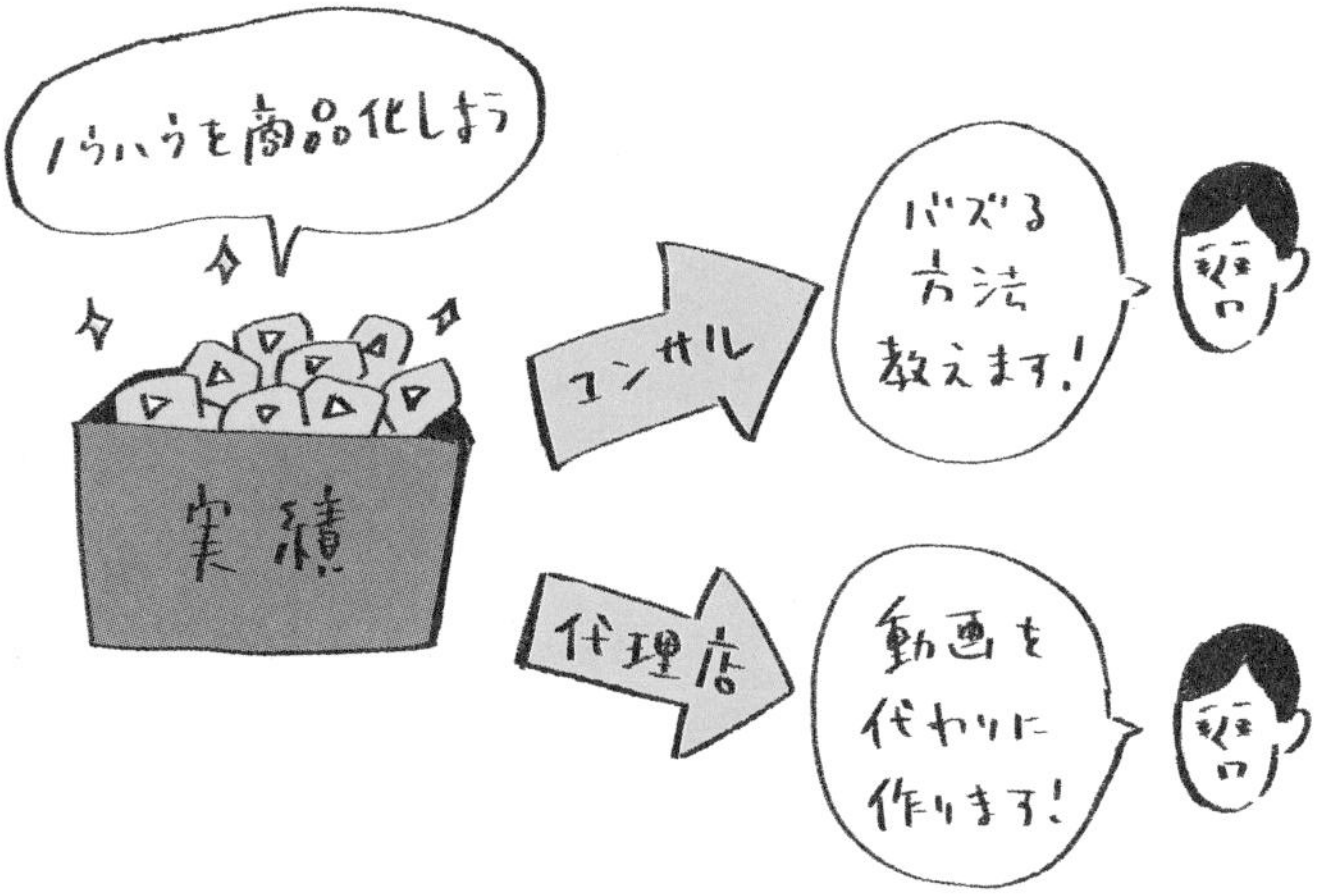

●ＳＮＳ動画広告代理店事業

　一般的な広告代理店のように、ＳＮＳ動画の広告の制作や運用を代行するわけではありません。自社チャンネルの動画に広告枠を設定し、直接広告を募るのです。

　これらの新規事業の集客は、既存のＳＮＳアカウントで行ないます。ちょっとしたタイムライン投稿やＩｎｓｔａｇｒａｍのストーリーなど、あまり宣伝感の強くない隙間で行うことをお勧めします。これまでエンド商品をＰＲしていたのと同じように、概要欄や動画の前後で今度はセミナーやコンサル事業をアピールして集客に努めましょう。

無料で使える便利なリサーチ・ツール

動画マーケティングとして発信していくにあたり、チャンネルの流入や伸びの分析は非常に重要です。

これからピックアップするものは、ＹｏｕＴｕｂｅやＴｉｋＴｏｋ、Ｉｎｓｔａｇｒａｍ、Ｔｗｉｔｔｅｒなどの流入や伸びを把握するために、無料で使える便利なリサーチ・ツールです。活用することで、動画はあなたの〝強力なビジネスパートナー〟になってくれるでしょう。

無料リサーチツール①

YouTube Studio

https://studio.youtube.com/

YouTube公式が提供するチャンネルのアナリティクス。動画投稿から分析、収益確認までを行え、管理できます。チャンネル全体や投稿動画ごとのユーザーの反応を分析できるほか、アイコンやバナー画像の登録など、チャンネルのブランディングに必要な機能も備わっています。

無料リサーチツール②

Twittrend

https://twittrend.jp/

Twitter 上でのトレンド分析ができるツールで、キーワードとハッシュタグの流行がわかります。

無料リサーチツール③

HINOME

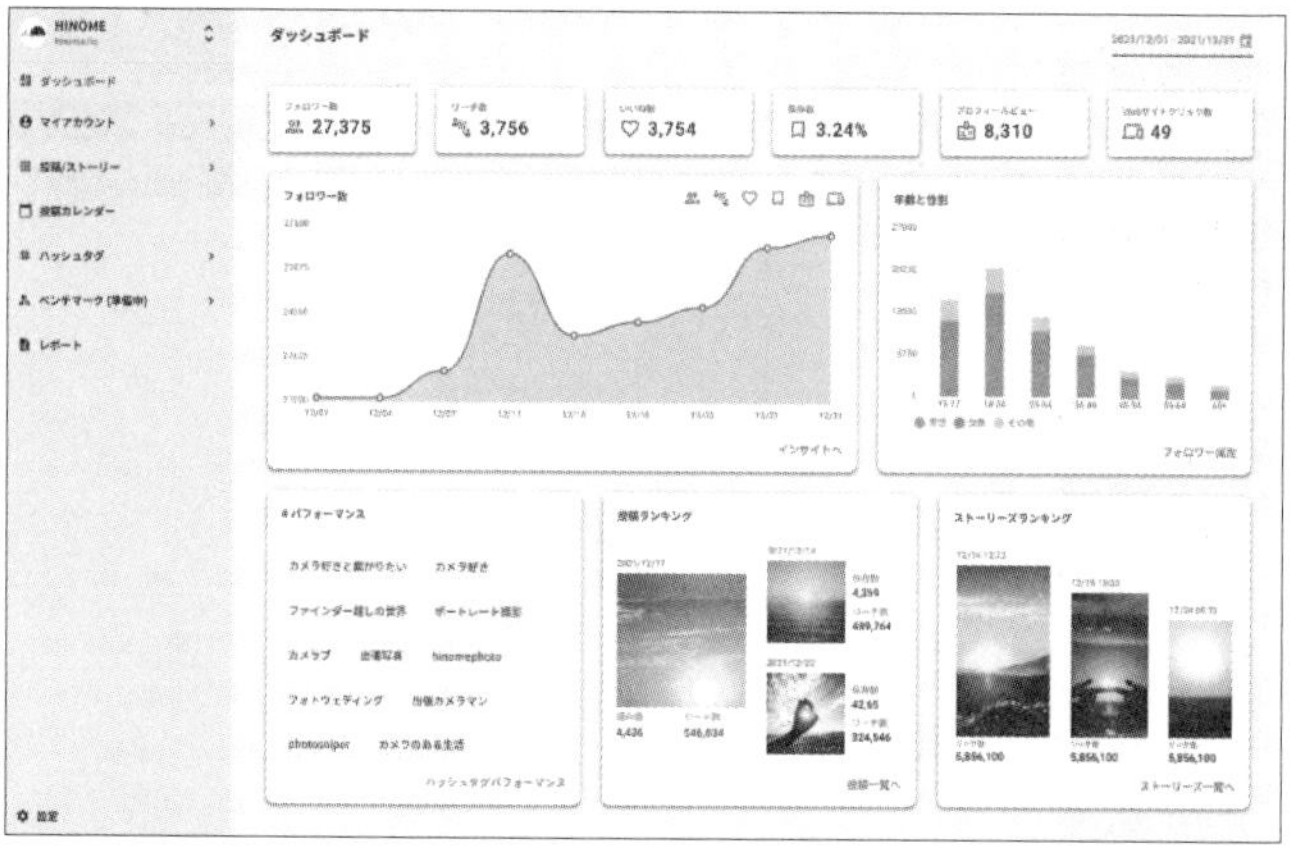

https://service.hinome.app/

Instagram のデータ分析やレポート作成を自動化。独自の AI が適切なハッシュタグや投稿時間をレコメンドしてくれるので、アカウントの成長支援に最適です。

無料リサーチツール④

Noxinfluencer

https://jp.noxinfluencer.com/

各YouTubeチャンネルの広告収益予想や登録者・再生伸び率がわかるツール。中国・北京に本社を構えるノックスデジタルエンターテインメント（Nox Limited）（本社：中国・北京、代表者：韓 哲）が設計・開発などを手がけています。

無料リサーチツール⑤

kamui tracker

https://app.kamuitracker.com/

日本最大級のSNS動画データベースを持つ動画マーケティング支援ツールで、独自のチャンネル分析ができます。特に月間の登録者伸び率ランキングは参考になります。自身のチャンネル分析だけでなく、ライバルチャンネルの比較などの検索もできます。

無料リサーチツール⑥

SOCIAL BLADE

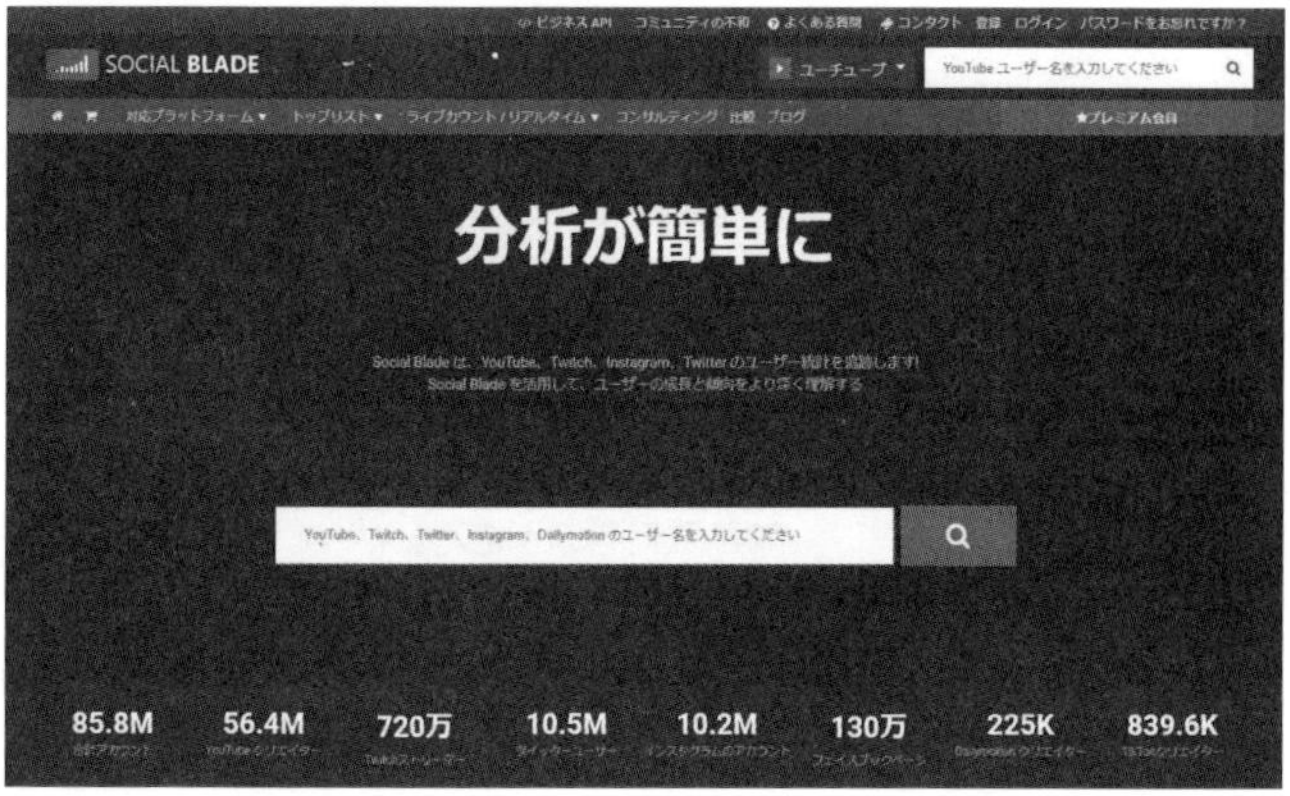

https://socialblade.com/

YouTube、TikTok、Twitterなどのチャンネルの広告収益予想や登録者・再生伸び率がわかるツール。ヒットした動画の分析も行えるので、タイトルの付け方や動画のネタなどの研究にも役立ちます。

無料リサーチツール⑦

ラッコキーワード

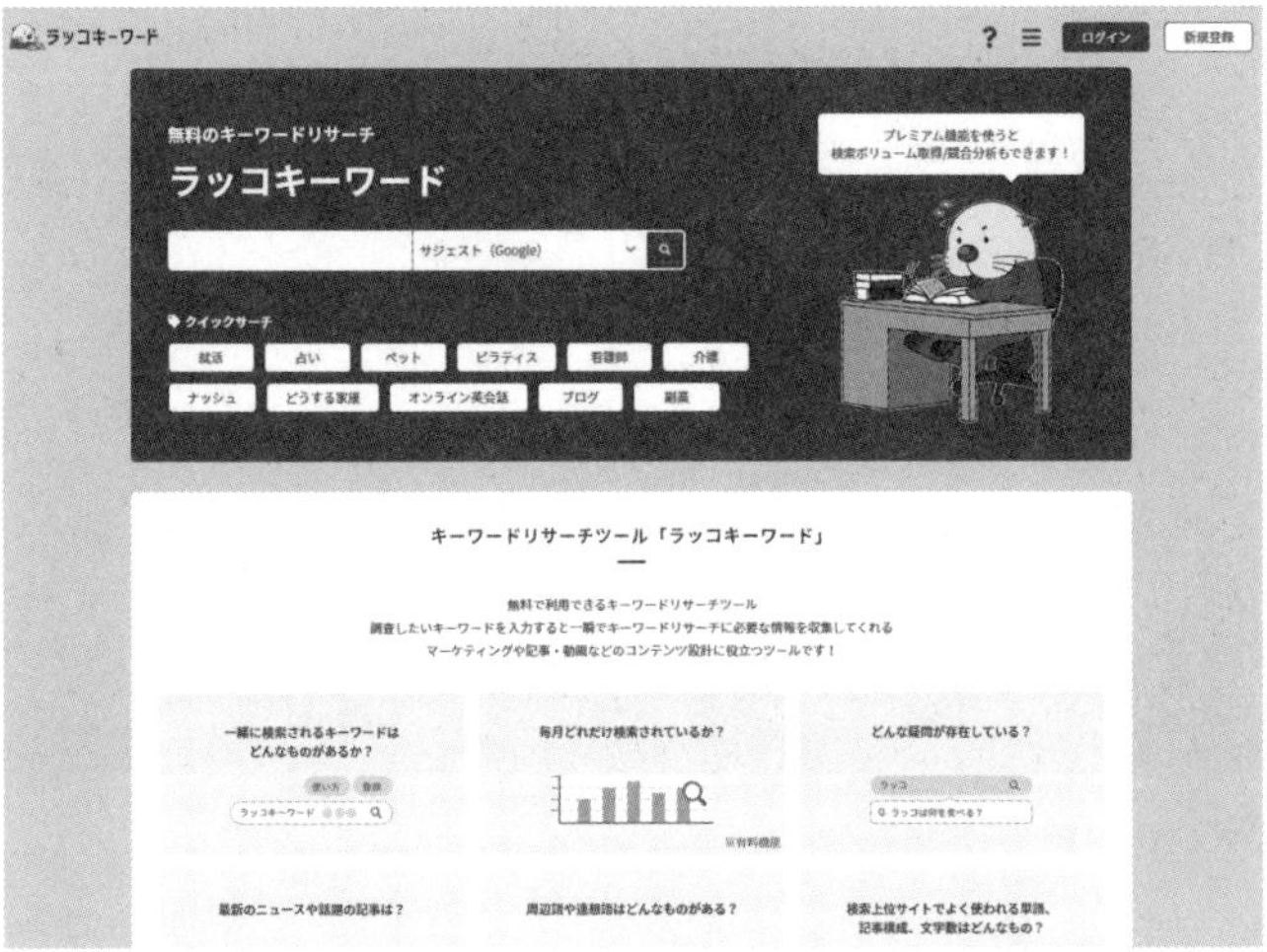

https://related-keywords.com/

サジェストキーワード（Google／Bing／YouTube等）がわかるツール。タイトルなどの参考にするときに役立ちます。

無料リサーチツール⑧

Google Trends

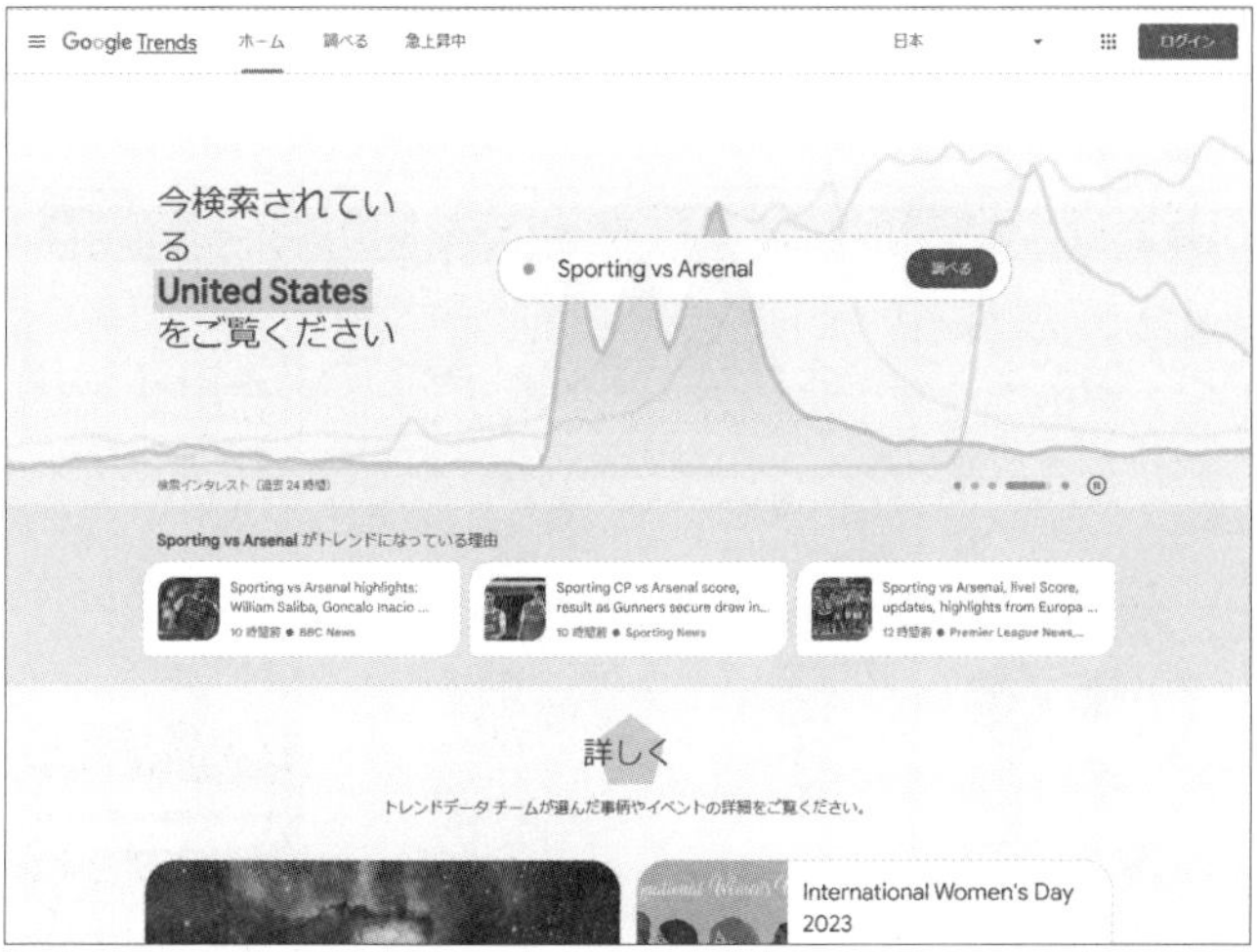

https://trends.google.co.jp/trends/trendingsearches/daily?geo=JP

Google 公式が提供する、Google 検索エンジン上のトレンドがわかるツール。

無料リサーチツール⑨

紀伊國屋書店

https://www.kinokuniya.co.jp/

テレビで紹介された本がわかる紀伊國屋書店が提供するサイト。話題の本や社会トレンドがわかります。

無料リサーチツール⑩

TVでた蔵

https://datazoo.jp/

全地上波チャンネルの内容や出演タレントがわかるサイト。大まかな社会トレンドをつかむために使用。

無料リサーチツール⑪

Yahoo! リアルタイム検索

https://search.yahoo.co.jp/realtime

Yahoo! や Twitter でのキーワードの伸びがわかるサイト。世の中の「いま」がわかります。

おわりに

内容はいかがでしたでしょうか。

本書に記載したメソッドは、本来であれば企業向けに1時間60万円～１２０万円ほどでコンサルティングしている内容です。

口頭で話すなら、数十時間に及ぶ内容を、今回は1冊の書籍として特別にお出ししました。

みなさまのビジネスの売上を加速する一助となれば幸いです。


さて、本書を執筆している最中にまさに世間的に話題となった「生成系ＡＩ」という言葉をみなさまはご存知でしょうか。

Ｃｈａｔ ＧＰＴをはじめとする「ＡＩによる回答やクリエイティブを出してくれるサービス」のことを生成系ＡＩと呼びます。

最近では、ＨＰから動画編集、文章の作成までもこの生成系ＡＩが高精度で制作してくれます。

ちなみに、本書の「はじめに」の文章も、Ｃｈａｔ　ＧＰＴを利用しながら書いています。驚きましたか？　もう、人間が書いたかどうか分からないレベルになっていますよね。

このように、全てがＡＩにとって代わる時代にあって大切なことは、「人間が人間であること」の価値だと私は思うのです。

「人間であること」とは、人間の失敗やブレ、お手本の回答ではない感情や人情の部分です。これは動画にも言えることですし、動画以外のことにも言えるのではないでしょうか。

コンテンツに溢れ、ＡＩがクオリティの高いコンテンツを制作できてしまう時代にあって、この「人間らしさ」はより価値を増していきます。実際に、近年の動画は「人間らしさ」が出ているコンテンツのほうが、データ的にも格段と伸びるようになっています。

また、何でも手に入る時代に「自給自足」の原点回帰をする人が多く現れ、ＳＮＳ時代に「対面での交流」が重宝されています。これは言い換えると、わたしたち人間はどんなに時代が便利になり、どんなに面白いコンテンツや動画が溢れようとも、結局「人は人を求めている」ということなのではないでしょうか。

この本質を抑えていれば、これから何十年後、どんな時代になり、どんなテクノロジーが発展しようともみなさまは戦うことができ、そして幸せな人生を送ることができると思います。

少し脱線しましたが、より人を捉え、人にリーチできる「動画」を、ぜひうまく活用してみてください。みなさまからの嬉しい連絡がくることを、楽しみにお待ちしております。

最後に、執筆のきっかけをいただいたネクストサービス出版プロデューサーの松尾昭仁さん、何より丁寧な編集をしていただいた青春出版社の布施綾子さんに感謝申し上げます。

また、今回の出版に伴う印税収入は、不安定な時代にあって新しく起業やチャレンジをしていく若者を支援すべく、クラウドファンディングサイト等を通じて、全額支援に使わせていただきます。

ＡＩや革命的なサービスの登場など、激動の時代にあって、みなさまのさらに大きな経済の躍進が来ることを願って。

大原昌人

２０２３年３月吉日

各種のＷｅｂ検索結果や引用情報などは、すべて本書執筆時点の内容になります。

初版限定！

著者からのプレゼント

本書をご購入いただいた方へ YouTube無料メールコンサルのお知らせ

これからYouTubeを始めたい方、すでに始められている方のご質問に、著者が500文字程度のメールにて回答いたします。
ご希望の方は、こちらのアドレスまでご連絡をお寄せください。

client-partner@daniels-ark.jp

＊メールをいただく際は、下記のテンプレートの内容をお送りくださいますようお願いします。

件名：「YouTube書籍特典メールコンサル」

～本文テンプレート～

お名前：○○○○

会社名（法人の場合）：○○○○○

YouTubeチャンネルの有無：有り or 無し

チャンネルURL（所有している場合）：

YouTubeビジネスの目的：
本業の集客をしたい　広告収益を得たい　など

業種、サービス内容：
通販の食品　教育支援サービス　コンサルティング業　など

ご相談やお悩み・質問事項（1件まで）：

本書のご感想：

著者紹介

大原 昌人　株式会社ダニエルズアーク代表取締役。YouTubeプロデューサー。元「楽天市場」プロデューサー。

慶應義塾大学環境情報学部卒業後、楽天株式会社に入社。フリマアプリ「ラクマ」や、年間100億円規模の流通を生み出す「6時間タイムセール」など、数々のヒット企画に参画する。2016年、今では当たり前になった「買って応援企画」の火つけ役として話題に。同年「楽天市場MVP賞」を受賞。2017年からは国内最大級の流通額を誇る「楽天スーパーSALE」の総合プロデューサーに最年少で就任。1週間で683億円という驚異の売上最高記録を生み出した。

2018年、株式会社ダニエルズアークを設立し、代表に就任。コカ・コーラ、サムスン、花王など、大企業からの引き合いが絶えず、最近では大手webメディアも取引先に。

著書に『売れない時代にすぐ売る技術』(サンマーク出版)、『すべての仕事を2分の1の時間で終わらせる ガチ速仕事術』(ぱる出版)、『これからの集客はYouTubeが9割』(小社刊)がある。

9割《わり》が知《し》らない！売《う》れる「動《どう》画《が》」

2023年 4月30日　第1刷

著　　者　大《おお》原《はら》　昌《まさ》人《と》

発 行 者　小澤源太郎

責任編集　株式会社 プライム涌光
電話　編集部　03(3203)2850

発 行 所　株式会社 青春出版社
東京都新宿区若松町12番1号 〒162-0056
振替番号　00190-7-98602
電話　営業部　03(3207)1916

印刷　三松堂　　製本　フォーネット社

万一、落丁、乱丁がありました節は、お取りかえします。

ISBN978-4-413-23300-2 C0030

今まで生きづらかった人こそ
「これから」うまくいく
高橋暢雄

仕事ができる人の
うまい「頼み方」
松橋良紀

引きずらない！ すぐあきらめない！
親の「聴き方」ひとつで
失敗に負けない子が育つ
田嶋英子

すべての不調は流せる！
「浄化」大百科
矢尾こと葉

いくつになっても新しい毎日を楽しむ
きくち体操「心」の教室
菊池和子

青春出版社の四六判シリーズ

子どもが伸びる
「待ち上手」な親の習慣
イライラしない親は、子どものどこを見ているのか
庄子寛之

マンガでわかる！
〝発達っ子〟が見ている世界
子どもの脳を育む10の取り組み
南 友介　茂木健一郎［監修］　アキワシンヤ［マンガ］

中学受験
やってはいけない塾選び
本当にわが子に向いている塾・伸ばしてくれる塾とは
杉浦由美子

魂の声が聴こえる
「自動書記」の練習帳
迷いがとける、知りたいことがハッキリわかる
山下美樹

アメリカ最先端医療の実証
1日2分！ 脳幹を鍛えれば
子どもの才能はどんどん伸びる
本間良子　本間龍介